Ustica
Stromboli
Panarea
Lipari
Vulcano
Straße von Messina
Milazzo
Messina
Capo San Vito
Ägadische Inseln
San Vito
Marettimo
Levanzo
Erice
Trapani
Favignana
Marsala
Bagheria
Cefalù
Taormina
Ätna
Corleone
Menfi
SIZILIEN
Enna
Catania
Porto Empedocle
Agrigento
Gela
Siracusa
Ragusa
Noto
Modica
Pantelleria
Mittelmeer
Gozo
MALTA
Malta
Linosa
Pelagische Inseln
Lampione
Lampedusa

Wo liegt eigentlich Sizilien?

Sizilien ist eine Insel der Gegensätze. Die einen sagen, daß man hier Italianità und Dolce vita in Reinkultur erlebt wie sonst nirgends. Die anderen behaupten, daß Süditalien in Kalabrien endet – und schon scheiden sich erneut die Geister: Ist Sizilien die nördlichste Region Afrikas oder der südlichste Zipfel des germanisch angehauchten Nordens der Welt? Immerhin regierten hier im Mittelalter die Stauferkönige, und Richard Wagner komponierte in Palermos Nobelherberge »Grand Hotel et des Palmes« den ›Parzival‹. Anfangs staunt man über diese scheinbar abwegigen Ideen. Bleibt man aber länger auf Sizilien, leuchten alle ein – und man hört auf, sich zu wundern.

Sizilien war schon immer ein Topos und die Insel der Mythen und Legenden: An den Hängen des Ätna weideten die heiligen Rinder des Sonnengottes Helios, an Siziliens Ostküste hausten die wilden Zyklopen, und die Nymphe Galatea verliebte sich in den Riesen Aci, was den grausamen Zyklopen Polyphem vor Eifersucht rasen ließ. Der Vulkangott Hephaistos und Demeter, die Göttin der Fruchtbarkeit, stritten erbittert um Sizilien, und die Nymphe Ätna versuchte zu schlichten. Der geniale Erfinder Dädalus erreichte die Westküste Siziliens, nachdem er aus dem Gefängnis des Minos geflohen war und dem Tod seines Sohnes Ikaros tatenlos hatte zuschauen müssen. In der Straße von Messina hausten die schrecklichen Meeresungeheuer Skylla und Charybdis und erschwerten dem umherirrenden Odysseus die Landung auf der Insel des Sonnengottes, vor der ihn sowohl der blinde Sänger Tereisas als auch Kirke gewarnt hatten. Und die schöne Nymphe Arethusa, die der zudringliche Flußgott Alpheios verfolgte, ließ sich von Artemis in einen Quellbach verwandeln, der unter dem Mittelmeer hindurch einen Weg von der Peloponnes nach Sizilien fand und bei Syrakus entsprang. In der Nähe von Enna verliebte sich Hades in die schöne Persephone, die Tochter der Demeter, und entführte sie in sein Schattenreich. Der neusten These eines deutschen Physikers zufolge liegt gar das sagenhafte Atlantis ein wenig südöstlich von Syrakus unter den Wellen des Mittelmeers – genau dort, wo es Platon vermutete.

Die architektonische Vielfalt der Insel läßt sich kaum erschöpfend beschreiben, und folgende Ratschläge sind die Quintessenz der einschlägigen Reiseführer: Wer das antike Griechenland kennenlernen will, muß die Tempel von Agrigent, Selinunt und Segesta und das Amphitheater von Syrakus besichtigen, wer erleben will, wie Islam und Christentum miteinander harmonieren können, darf sich die wunderbaren Bauten in arabo-normannisch-byzantinischem Stil in Palermo und Cefalù nicht entgehen lassen, und wer Barock pur liebt, muß unbedingt nach Catania, Noto, Ragusa und Modica.

Die antiken Mythen und das reiche architektonische Erbe der zahlreichen Eroberer der Insel haben die Phantasie von Sizilienreisenden aller Jahrhunderte angeregt, und jeder hat sich sein persönliches Bild gemacht. Goethe schrieb 1787 auf seiner Reise durch Sizilien den berühmten, immer wieder zitierten Satz: »Italien ohne Sizilien [macht] gar kein Bild in der Seele: hier ist erst der Schlüssel zu allem«, was in erster Linie auf das antike Erbe gemünzt war, während der Dichter die überbordenden Barockphantasien der Villa Pallagonia in Bagheria verabscheute.

Sizilienbilder gibt es unendlich viele: Schmelztiegel der Kulturen, Wiege Europas, Ort der Begegnung von Orient und Okzident, aber auch das von Karl Marx, für den die sizilianische Geschichte ein Symbol für den Klassenkampf war: »In der bisherigen Geschichte der Menschheit hat wohl kein Land und kein Volk so entsetzlich unter Sklaverei, fremden Eroberungen und Unterdrückungen gelitten und so leidenschaftlich um seine Freiheit gekämpft, wie Sizilien und die Sizilianer.«

Und das moderne Sizilien? Das ist leider die Region Italiens, der man im In- und Ausland mit den meisten Vorurteilen begegnet: Sizilien ist nicht Italien und

Europa, sondern Afrika. Ein Landstrich, durch den meuchelnde Mafiabanden ziehen, wo Autos und Handtaschen blitzschnell verschwinden, ohne daß die verschlafenen Carabinieri auch nur einen Finger krumm machen. Das Revier kleinwüchsiger gedrungener Giuseppes und Salvatores, die sich mit Glutaugen auf jede Touristin stürzen, bevor sie bei ihrer schwarzgekleideten Mamma Riesenberge von Pasta verdrücken und dabei, wie das überhaupt alle rund um die Uhr tun, wild gestikulierend herumschreien. Natürlich haben Giuseppe und Salvatore schwarze Haare und tragen eine dunkle Sonnenbrille. Sie sind verlobt oder verheiratet – mit Maria Concetta oder Agata, die jedoch selten die Wohnung verlassen. Und sind entweder selbst bei der Mafia oder haben einen Bruder, Cousin oder Onkel, der dazugehört – groß genug sind die Familien auf Sizilien ja, das weiß man.

Wie nähert man sich einer Insel, die dermaßen vorbelastet ist? Am besten wie Goethe – auf einem Schiff nach Palermo, um den wunderbaren Blick auf die Stadt und den Monte Pellegrino vom Meer aus zu genießen. Im Flugzeug nach Catania – erster Blick auf den Ätna – oder nach Palermo, wo die Landebahn malerisch zwischen Meer und Bergen eingezwängt ist und daher von der Lufthansa für das Pilotentraining genutzt wird. Vor den Fabelwesen Skylla und Charybdis muß sich nicht länger fürchten, wer von Kalabrien aus mit der Fähre nach Messina übersetzt, und der Blick auf die Ostküste und den Ätna ist atemberaubend.

Wenn man angekommen ist, sollte man erst einmal

alles vergessen, was man gehört hat: Mythen und Legenden, Sizilienbeschreibungen aller Art und besonders die Vorurteile, die nicht annähernd der bunten Realität entsprechen.

Irgendwo wird man vielleicht einen schwarzhaarigen Salvatore treffen, der Ausländerinnen keines Blickes würdigt, und einen großen blonden Carmelo, der zu Hilfe eilt, wenn er dem fragenden Blick eines Touristen begegnet. Vielleicht spricht Carmelo Englisch oder Deutsch, keinesfalls wird er jedoch versuchen, den Fotoapparat mitgehen zu lassen. Man wird feststellen, daß sich auch hier Frauen auf die Straße trauen, die Bars bevölkern und abends ausgehen – und zwar ohne männliche Begleitung.

Sizilien ist erst einmal das: wunderschön, gastfreundlich und ungefährlich – ein eigener kleiner Kontinent, der immer wieder neu entdeckt werden will. Und wenn diese Gebrauchsanweisung bei der Entdeckung ein wenig hilft, hat sie ihren Zweck erfüllt.

Palermo flüstert nicht

»Palermo flüstert« hieß ein deutscher Film von Wolf Gaudlitz über die sizilianische Hauptstadt, der vor einigen Jahren in den Kinos lief. Dabei liegt Palermo nichts ferner. Jede Form von Zurückhaltung ist der Stadt fremd: Hier ist alles ein bißchen lauter, bunter, chaotischer und aufgeregter.

»Panormos«, ganz Hafen, nannten die Phönizier im achten Jahrhundert vor Christus die Stadt an der sogenannten Conca d'Oro, die sie zu einem der wichtigsten Mittelmeerhäfen machten. Conca d'Oro bedeutet goldene Muschel und erinnert daran, daß die Bucht neben dem imposanten Vorgebirge des Monte Pellegrino einstmals von weitläufigen Zitronen- und Orangenplantagen geprägt war, die inzwischen längst Beton und Zement weichen mußten.

Seit der Gründung durch die Phönizier erlebte Palermo eine wechselhafte Geschichte: Die lange Reihe der Eroberer kann man in den einschlägigen Reiseführern nachlesen, allerdings hat jeder Palermitaner seine persönliche Hit-Liste, die mitunter stark variiert. Das liegt nicht zuletzt am typisch sizilianischen Hang zur Übertreibung und an einer fröhlichen Großzügigkeit im Umgang mit der eigenen Geschichte: Man ist stolz auf die illustren Vorfahren, andererseits tut man sich schwer, in dem Völkergewirr die eigene Identität zu definieren.

Ganz oben stehen natürlich die Byzantiner, Araber und in späteren Jahrhunderten die Normannen, die den prächtigen Dom bauten – nahe dem Stadttor Porta Nuova aus dem sechzehnten Jahrhundert mit seiner prächtigen Majolika-Spitze und den überdimensionalen Büsten von vier gefangenen Mohren. Beliebt sind auch die Spanier, die die Stadt im sechzehnten Jahrhundert vollkommen umgestalteten: Die beiden neugeschaffenen Hauptverkehrsachsen, die Via Maqueda und der Corso Vittorio Emmanuele kreuzen sich an den *Quattro Canti*, den vier Ecken, und gliedern Palermo in vier Stadtviertel, die heute die Altstadt bilden.

Die hat lange Jahre im Dornröschenschlaf gelegen und verfiel zusehends, bis man begann, ihre verblichene Schönheit wiederzuentdecken – und ihr touristisches Potential. Und wirklich sieht man in den letzten Jahren immer mehr Touristen staunend durch die engen Straßen laufen. Zwar halten viele noch panisch ihren Fotoapparat fest und schauen sich eingeschüchtert nach »den Mafiosi« und Taschendieben um, aber spätestens, wenn sie das erste Touristeninformationsbüro in der Nähe des Normannenpalastes entdecken, kann man beobachten, wie sich ihre Gesichtszüge merklich entspannen.

In den schmalen Gäßchen schreien auch jenseits der berühmten Märkte Ballarò, Capo und Vuccirìa (hier ist der Name Programm: *vuccirìa* bedeutet auf sizilianisch Geschrei) fahrende Händler um die Wette. Ihr Angebot reicht von Obst und Gemüse über Palermos Fastfood (*panelle*, gebackener Kichererbsenteig, und *crocchè*, vergleichbar mit deutschen Kroketten) bis zu Putzmitteln und Losen, und sie quälen sich gnadenlos auf ihren motorisierten Dreirädern mit Ladefläche durch jede noch so enge Straße.

Leoluca Orlando, der Starbürgermeister von Palermo in den neunziger Jahren, ersann einen ambitionierten Restaurierungsplan für die Altstadt, deren Charme allzu morbide geworden war. Privatleute können zu Sonderkonditionen die wunderbaren alten Häuser erwerben und mit städtischen Zuschüssen restaurieren. Obwohl er damit mafiöser Bauspekulation den Riegel vorschob, bedeutet das auch, daß sich das Erfolgskonzept von Genua, wo man die Altstadt im Rahmen eines großangelegten Sanierungsplans rettete, hier nicht wiederholen kann: Es wird viel länger dauern, bis Palermo wieder in altem Glanz erstrahlt. Da viele Besitzer halbverfallener Palazzi sich selbst mit Fördermitteln die Sanierung nicht leisten können, wurde vor kurzem ein Gesetz erlassen, daß derjenige Besitzer verkaufen muß, der seine Immobilie innerhalb einer bestimmten Zeit nicht restauriert.

Durch diesen etwas ungewöhnlichen, sehr individuellen Weg der Altstadtsanierung ist eine Art Flickenteppich entstanden, der seinen besonderen Reiz hat: In den Eingeweiden des *centro storico*, das teils in Müll und Dreck erstickt und über dem ein nicht immer charmanter Duft hängt, kann man ganz unerwartet wunderbar restaurierte Palazzi aus dem siebzehnten und achtzehnten Jahrhundert finden und sich in Viscontis Film ›Der Leopard‹ versetzt fühlen. Regelmäßig liest man jedoch in der Zeitung von Häusern, die einfach eingestürzt sind, wieder andere stehen längst leer und werden nur noch von morschen Gerüsten gestützt.

Die Kalsa, ein nahe dem alten Hafen gelegenes, von den Arabern im neunten Jahrhundert gegründetes Stadtviertel, wird heute langsam wiederentdeckt, ebenso der benachbarte Cassaro, wo Palermos Adel bis zum Zweiten Weltkrieg Hof hielt. Auch hier findet man verfallene neben geschmackvoll restaurierten Häusern, edlen Cafés und hippen Läden – eine Art Prenzlauer Berg der frühen neunziger Jahre auf Süditalienisch. Dort schaue ich mir in einem der gerade in Restaurierung befindlichen Palazzi eine Wohnung an – das Gebäude ist vollkommen entkernt und denkmalpflegegerecht saniert worden. Der Bauleiter erklärt mir, er verstünde diesen Wahn gar nicht, plötzlich gerade hier auf Wohnungssuche zu gehen. Als sein Freund Emilio vor acht Jahren an der nahe gelegenen Piazza Marina, einem der ältesten Plätze der Stadt, eine Pizzeria eröffnete, habe er ihm gerade mal einen Monat bis zum Bankrott gegeben: Wer sollte in dem traurigen Slum voller Drogenabhängiger und Mafiahandlanger essen gehen?

Aber die Pizzeria floriert. Vielleicht hat Emilio einfach fest daran geglaubt, daß seine Mitbürger ihr schönstes Stadtviertel irgendwann zurückerobern. Jetzt steht er jedenfalls jeden Abend mit einer anderen auffälligen Designerkrawatte vor seiner Pizzeria und begrüßt die immer zahlreicher herbeiströmenden Gäste.

Immerhin liegt an der Piazza Marina der von den spanischen Königen als Schloß genutzte Palazzo Chiaramonte, und das Zentrum des Platzes bildet ein wunderschöner kleiner Park, der von einem riesigen Ficus Magnoloides (eine Art überdimensionaler Gummibaum) dominiert wird. Der exotische Baum ist in ganz Italien berühmt, denn der Umfang seines Stammes mißt samt der eindrucksvollen Luftwurzeln ungewöhnliche 23 Meter. Im Schatten seiner mächtigen Krone ziert seit kurzem eine Messinggedenkplakette den Park: Hier wurde im März 1909 Joe Petrosino ermordet, ein New Yorker Polizeileutnant, der in Palermo verdeckt gegen die sizilianischen Verbindungsleute der amerikanischen »Schwarzen Hand«, der ersten italo-amerikanischen Mafiabande, ermitteln sollte. Aber die ehrenwerte Gesellschaft ließ sich von Petrosino nicht in die Karten gucken und räumte ihn umgehend aus dem Weg.

Geht man von der Piazza Marina ein Stück weit in die Kalsa hinein, findet man eine verfallene Kirche, Santa Maria dello Spasimo, die im Rahmen einer Resozialisierungsmaßnahme von entlassenen Häftlingen

Mitte der neunziger Jahre vom Schutt befreit wurde und inzwischen als Theaterbühne und Ausstellungsraum genutzt wird. Die gotische Kirche ist niemals fertiggebaut worden, weshalb sie auch heute kein Dach hat und der mächtige Baum in ihrer Mitte ungestört wachsen kann. Für sie hatten die Olivetaner des angrenzenden Klosters einst bei Raffael eine Kreuztragung Christi in Auftrag gegeben, die heute jedoch im Prado in Madrid hängt …

Auch hier in der Kalsa ist der Verkehr tagsüber gnadenlos, aber immerhin ist man 2004 endlich auf die Idee gekommen, das Viertel zumindest an den Abenden der Sommerwochenenden in eine große Fußgängerzone zu verwandeln und Palazzi, Kirchen und Museen bis spät in die Nacht hinein geöffnet zu lassen. Emilio hat recht behalten – nicht nur Touristen, sondern vor allem die Palermitaner selbst flanieren bis nach Mitternacht mit der ganzen Familie durch die Straßen und sorgen für Volksfestatmosphäre.

Neben dem Haus, in dem ich die Wohnung besichtige, steht ein wunderbarer Barockpalazzo mit den typisch sizilianischen bauchigen Eisenbalkons, der von einem riesigen Gerüst verunstaltet wird. Was es denn damit auf sich habe, frage ich den Bauleiter. Trotz allen Charmes will man nicht ständig auf ein verrostetes Gerüst starren, zumal der Mann mich selbst darauf hingewiesen hat, daß man von dort aus ganz leicht auf die Terrasse der zu vermietenden Wohnung springen kann. Erstaunlich zwar, finde ich, denn mit einem solchen Sprung könnte man sich problemlos für die Olympischen Spiele qualifizieren. Aber der Bauleiter lächelt mich mitleidig an – als Ausländerin habe ich natürlich keine Ahnung, was für hinterhältige, listige – und offensichtlich sportliche – Menschen gerade hier in den engen Gassen hausen. Ich schaue aus dem Fenster und sehe zwei Kinder Fußball spielen, eine Frau schiebt einen Kinderwagen über die Straße, und gegenüber hängt eine alte Frau Wäsche auf... Die Gefahrenquelle, der eingerüstete Palazzo, gehört einer stadtbekannten Familie, die eines der größten sizilianischen Weingüter besitzt. Die Herrschaften hatten kein Interesse an dem Objekt und haben es einfach verfallen lassen. Jetzt hat die Stadt ihnen ein Ultimatum gestellt – ob das Wirkung zeigt, bleibt abzuwarten, schließlich hat man in diesen Kreisen besondere Beziehungen und Möglichkeiten...

In den letzten Jahren verlassen immer mehr Palermitaner auf der Suche nach einem sanierten Altbau im Zentrum die nach dem Krieg entstandenen neuen Viertel im Westen der Stadt. Auch ich wohne noch in einem Siebziger-Jahre-Neubauviertel am Fuß des Monte Pellegrino, das lange Zeit der Inbegriff von optimalem Wohnkomfort war: Viele hohe Häuser mit riesigen Balkonanlagen und geräumigen Parkplätzen rund ums Haus. Das Chaos der Altstadt ist hier kaum noch zu erahnen – aber ebensowenig der pittoreske Charme, der das bunte Treiben dort begleitet. Die meisten Hochhäuser haben einen *portiere*, der wirklich ein Portier und kein Hausmeister ist: Tagein, tagaus sitzt er an einer Art Rezeption, meldet Besucher an und überwacht die eingehende Post mit Argusaugen. Klingelt jemand bei mir, landet der Besucher unweigerlich bei dem *portiere* und muß seinen Namen nennen, um angekündigt zu werden. Putzplan und Kehrwochen gibt's auch nicht, natürlich wird wöchentlich das Treppenhaus gereinigt – aber keinesfalls vom *portiere*, sondern vom eigens dafür engagierten Putzpersonal –, und ein freundlicher Gärtner kümmert sich um die Pflanzenpracht, die sorgfältig um unsere Parkplätze herumdrapiert ist. Die riesigen Balkons hat man lediglich aus Prestigegründen – als Lebensraum genutzt wird nur meiner. Genutzt im sizilianischen Sinn, zur Verständigung mit den Nachbarn, keiner. Statt dessen werden dort bizarre Balkonpflanzen oder die Wäsche deponiert. Ich versuche, die Rückseite der Wohnsilos zur Linken zu ignorieren und blicke auf den Monte Pellegrino und die rechter Hand liegende alte Villa Barbera, die zwischen den Hochhäusern beinahe verloren wirkt.

Dort lebt die Familie des unseligen Menschen, der in den sechziger Jahren die wunderbaren Zitronen- und Olivenhaine um seine Villa herum in gesichtslose Hochhäuser und damit in einen Haufen Geld verwandelte. Renzo Barberas Söhne haben in jedem Neubau einige Wohnungen behalten – falls das Geld mal knapp wird, die connections nicht mehr stimmen oder das Olivenöl aus der familieneigenen Ölmühle ranzig werden sollte... Renzo Barbera ist nicht nur wegen seines Olivenöls eine stadtbekannte Persönlichkeit. Von 1970 bis 1980 war er Präsident des Fußballvereins von Palermo, und zwar zunächst zu Glanzzeiten, als man in der »Serie A«, der ersten Liga, spielte. 1972 geschah dann das Drama:

der Abstieg in die zweite Liga. Inzwischen hat man das Fußballstadion zu Füßen des Monte Pellegrino nach ihm benannt, und 32 Jahre nach dem Abstieg gelang dort im Mai 2004 der Wiederaufstieg in die »Serie A«. Natürlich kam das nicht unerwartet – einem kryptischen, mir vollkommen unverständlichen Punktesystem zufolge hatte sich dieses Ereignis seit Monaten angekündigt und die Stadt in ein wahres Fußballfieber versetzt.

Fußball in Italien ignorieren zu wollen, ist weitaus schwieriger als in Deutschland, im Palermo des Jahres 2004 ist es jedoch ein Ding der Unmöglichkeit. Jeder hat eine Beziehung zum Fußball – selbst der beliebte sizilianische Schriftsteller Andrea Camilleri erinnerte sich anläßlich des Aufstiegs von »Il Palermo« öffentlich daran, daß sein Vater Vorstandsmitglied des Fußballvereins seines Heimatorts an der Südküste Siziliens war, und auch Palermos derzeitiger Bürgermeister Diego Cammarata gedachte in der Zeitung seiner glanzvollen Fußballkarriere zu Schulzeiten.

Aber nicht nur das: Eine Stadt, die in den vergangenen dreißig Jahren in der nationalen und internationalen Presse hauptsächlich für traurige Nachrichten sorgte und immer nur mit »der Mafia« gleichgesetzt wurde, ist besonders stolz darauf, mit dem Fußball positive Schlagzeilen zu liefern. Und so lasse ich mich bereitwillig vom Fußballfieber anstecken: Nachdem ich mich an die merkwürdigen Farben des Vereins, pink und schwarz, gewöhnt habe, finde ich, daß nichts besser zu dieser bunten Stadt paßt, in der dröge Farben wie die von Arminia Bielefeld gar nicht auffallen würden. Schon eine ganze

Weile vor dem entscheidenden Spiel färbt sich die Stadt pinkschwarz: Die Viertel der Altstadt sind mit unzähligen Wimpeln geschmückt, und bald tauchen ausrangierte, pinkschwarz angestrichene Fiats auf. Einer wird auf ein selbstgebautes Podest neben einer Madonnenstatue gehievt und hinters Lenkrad ein rosafarbener Teddy geklemmt. Nach dem legendären Spiel gegen Triest, das den Aufstieg sicherte, wird der Präsident des Fußballvereins, ein Industrieller aus dem Friaul, zum Ehrenbürger der Stadt ernannt. Eins ist sicher: Hätte er im eher schleppenden Europawahlkampf kandidiert, wäre ihm in Palermo die absolute Mehrheit gewiß gewesen…

Am Abend nach dem Spiel ist die ganze Stadt auf der Straße und feiert, aber das befürchtete Chaos bleibt aus. Obwohl die Fans auch im Stadion aus ihrer Begeisterung kein Hehl machen, kommt es dort selten zu Zusammenstößen. Zwar geht es in den Kurven des Stadions, wo die günstigsten Plätze sind, sehr lebhaft zu, aber man beschränkt sich auf ein kleines Feuerwerk, die lautstarke Beschimpfung der gegnerischen Mannschaft und das Schwenken der überdimensionalen pinkschwarzen Fahnen.

Die Fans der gegnerischen Mannschaft werden mit Polizeieskorte am Bahnhof und am Flughafen abgeholt und in eine Art Käfig unterhalb der Südkurve gesperrt. Dort behaupten sie sich tapfer gegen die stimmliche Übermacht der Palermo-Fans. Kurz vor dem Ende des Spiels werden sie wieder aus ihrem Käfig geholt und unter Polizeischutz sicher aus dem Stadion geleitet.

Als im »Stadio Renzo Barbera« abgepfiffen wird,

träumt man nicht nur von den großen Mannschaften wie Inter Mailand und Juventus Turin, die bald hier spielen werden, sondern von ganz anderen Dingen: daß endlich eine U-Bahn gebaut wird, denn bisher gibt es nur eine einzige S-Bahnlinie vom Bahnhof zum Flughafen, die die Altstadt großräumig umfährt und lediglich die neuen Stadtviertel streift. Neben kühnen Träumen von der Erweiterung des öffentlichen Verkehrsnetzes erhofft man sich von dem Aufstieg auch einen wirtschaftlichen Impuls für die Stadt. Was daraus werden wird, ist in der ersten Euphorie kaum abzuschätzen. Tatsache ist, daß in der ganzen Provinz Palermo kein Fetzchen rosafarbener Stoff mehr aufzutreiben war und ein Großteil der mehr als 90000 Wimpel in Mailand gedruckt werden mußte.

Während auf den Straßen noch ausgelassen gefeiert wird, reden ambitionierte Kommunalpolitiker bereits von einer neuen Belle Époque. Und wirklich hat Palermo um das Jahr 1900 eine Blütezeit erlebt, von der die vielen Jugendstilvillen entlang der Via della Libertà, der Prachtallee und eleganten Einkaufsmeile Palermos, zeugen. Der Name der Familie Florio ist untrennbar mit dieser Epoche verbunden. Das Adelsgeschlecht der Florio war 1799 nach Sizilien gekommen und hatte sich schon bald nicht nur mit Thunfischverarbeitung, Marsala-Wein und Cognac, sondern auch mit der Gründung einer Tageszeitung und einer Schiffahrtsgesellschaft einen Namen gemacht. Ein Jahrhundert später dominierte die Familie Palermo, das inzwischen den Beinamen »Felicissima« trug.

Es war das Zeitalter des Futurismus mit seiner Vorliebe für Technik und Maschinen, und Vincenzo Florios Leidenschaft wurden schnelle Autos. Er etablierte in den Bergen der Madonie östlich von Palermo ein Autorennen, die »Targa Florio«, die schon bald international berühmt wurde. Und Franca Florio, die Frau von Don Ignazio Florio, Vincenzos älterem Bruder, avancierte zur First Lady der Belle Époque von Palermo und fungierte als Magnet für illustre Besucher: Von Guy de Maupassant über Richard Wagner bis zu vielen gekrönten Häuptern Europas pilgerten alle nach Palermo, um die rauschenden Feste des sizilianischen Adels zu genießen. Kaiser Wilhelm II. nannte Franca Florio den »Stern von Italien«. Man sagt, sie habe nur Schmuck von Cartier aus Paris getragen.

Palermo ist bis heute reich an außergewöhnlichen, manchmal auch skurrilen Persönlichkeiten. Teils sind sie urbane Legenden geworden wie der Baron Giuseppe Di Stefano, der die letzten vierzig Jahre seines Lebens bis zu seinem Tod im Frühjahr 1998 in der Nobelherberge »Grand Hotel et des Palmes« in der Via Roma verbrachte – und das Gebäude nicht für einen einzigen Gang jemals wieder verließ. Er lebe aus Faulheit im Hotel, erzählte er den wenigen Journalisten, denen er ein Interview gewährte. Die Mafia hätte ihn gleich umbringen können, sagte er, warum sollte man ihn da erst einsperren? Die Suite 204 dieses wunderbaren Hotels, in dem Wagner seinen ›Parzifal‹ schrieb und der italoamerikanische Mafiaboß Lucky Luciano abstieg, sei viel zu komfortabel, um sie zu verlassen. War das das groteske Verhalten eines dekadenten Adligen oder Mafia-Bedingungen, die der als Lebemann bekannte Baron akzeptieren mußte? Der Hotel-Manager hüllt sich darüber in Schweigen und sagt, das Haus habe die Geheimnisse seiner Gäste schon immer zu wahren gewußt.

Stadtbekannt geworden ist auch der Standesbeamte, der nach der Ermordung seines Sohnes durch die Mafia in den neunziger Jahren schwor, sich so lange nicht mehr zu rasieren, bis die Täter zur Rechenschaft gezogen würden. Als er 2001 Freunde von mir traute, reichte sein Bart bereits bis zum Bauch.

Ein wenig stolz ist man in Palermo auf diese Persönlichkeiten, die jeder kennt. Oft reicht aber bereits die Begegnung mit den Nachbarn, um sich davon zu überzeugen, daß hier ganz besondere Menschen leben. Als ich endlich eine Wohnung in der Altstadt gefunden habe – schräg gegenüber des im Mai 1943 zerbombten und nie wieder aufgebauten Palazzo Lampedusa –, fängt mich mein neuer Nachbar bereits vor dem Umzug ab.

Signor Caronìa stellt gleich klar, daß man hier in der Gasse behütet wohnt. Anders kann es auch nicht sein, immerhin nutzt er seinen Balkon ganz sizilianisch und verbringt dort den Abend und fast die ganze Nacht. Die Balkone der Altstadt sind so etwas wie die gute Stube – oft sehr schmal, so daß kaum ein Stuhl darauf paßt, für Sizilianer aber das Tor zur Welt und der Ort der Kommunikation: In den engen Sträßchen kann man sich mühelos von Balkon zu Balkon unterhalten und an das Geländer gelehnt die Tage oder wie Signor Caronìa die Nächte zubringen.

Tagsüber hingegen hält er sich entweder auf der engen Gasse oder an den Samstagen bei Signor Pippo in dem dunklen Verschlag gegenüber auf, der sich bei näherem Hinsehen als Antiquitätenladen entpuppt. Zeit zum Verkauf bleibt Signor Pippo dann kaum, muß er doch mit Signor Caronìa Karten spielen. Dabei wird ordentlich getrunken – Rotwein – und gegessen – überdimensionale Koteletts, die Signora Caronìa ab zwölf Uhr mittags brät. Nicht, daß ihm das guttäte. Immerhin sei er bereits achtmal am Magen operiert worden, vertraut Signor Caronìa mir nach fünf Minuten an und zeigt mir seine Operationsnarben, die die Frage aufwerfen, ob er wirklich im Krankenhaus oder auf dem Schlachthof war. Als er mein entsetztes Gesicht sieht, gerät er in Fahrt. Wie ein Ferrari habe er sich nach den Operationen gefühlt, überall Schläuche und Leitungen, sagt er in breitem Palermitanisch.

Aber jetzt gibt es Wichtigeres als seine Krankengeschichte: Neue Nachbarn sind immer ein Ereignis, zudem aus Deutschland, wo alles so »wunderbar ordentlich« sei. Nachdem er mich mit den Namen und Lebensgeschichten sämtlicher Nachbarn bombardiert hat, gibt mir Signor Caronìa noch einen wichtigen Rat zum Einzug: In Palermo ißt man am ersten Abend im neuen Heim *u vrocculu e 'a frittura di pisci*. Brokkoli und gebratener Fisch? Das räuchert doch gleich die frisch renovierte Wohnung aus. Eben, freut sich mein Nachbar, nach Essen muß es riechen, nach wahrem Leben. In Palermo immer etwas intensiver als anderswo …

Leben unterm Vulkan

»Il monte«, den Berg, nennen die Catanier den Ätna einfach nur, ihren Berg der Superlative: Europas höchster und aktivster Vulkan, der seit 2500 Jahren in einem regelmäßigen Rhythmus von fünf bis zehn Minuten eine Dampfwolke ausstößt. Der Lava spuckende Riese, in dessen Tiefen die Griechen den Feuergott Hephaistos und dessen Schmiedewerkstatt vermuteten, hat vier Hauptkrater und unzählige kleine Nebenkrater, und kleinere und größere Ausbrüche verändern seine Höhe – momentan sind es etwa 3350 Meter – und seine Form ständig. Hephaistos ist ein reizbarer Gott, der in seiner Wut grollt und Feuer spuckt, sich aber durch die vielen Krater des Ätna oftmals auf wenig bedrohliche Art austoben kann.

»Il monte« bringt Leben und Tod, wissen die Catanier seit Urzeiten, er ist ein guter Vulkan, dessen Lava langsam fließt und der oft genug durch Gebete und die Hilfe der Schutzpatronin der Stadt, der heiligen Agata, besänftigt werden konnte. Das geschah erstmals 252, ein Jahr nach dem Märtyrertod der jungen Agata, als man mit ihrem Schleier, dem die Menschen wunderbare Kräfte zuschrieben, die Lavaströme aufhalten konnte.

An die fünfhundert Ausbrüche sind in der Neuzeit registriert – darunter der verheerende des Jahres 1669, den auch Agata weder verhindern noch mildern konnte. Damals begruben die Lavaströme Catania unter sich und ergossen sich siebenhundert Meter weit ins Meer, und Tausende starben an der Hitze und den giftigen Dämpfen. Die erkaltete Lava verwandelte das Antlitz der Küste, und das im dreizehnten Jahrhundert von Stauferkönig Friedrich II. erbaute Schloß Ursino, einstmals nahe der Küste mit wunderbarem Blick über das Meer gelegen, war nach dem Ausbruch von Lava umgeben. Insgesamt viermal erwies sich der Ätna als unerbittlich und zerstörte Catania vollkommen.

Aber was »il monte« nahm, das gab er der Stadt auch: Die prächtigsten Palazzi und Kirchen, selbst das Straßenpflaster ist aus schwarzem Lavastein, der unter der gleißenden Sonne Siziliens dramatisch wirkt. Außerdem ist der Lavaboden besonders fruchtbar und »il monte« inzwischen das wichtigste Tourismuskapital Catanias: Menschen aus der ganzen Welt kommen hierher, um den höchsten Vulkan Europas zu bewundern und zu bezwingen – um so lieber, wenn er gerade wieder einmal aktiv ist.

Der letzte größere Ausbruch war im Jahr 2001: Zwar bedrohten die glühenden Lavaströme damals nicht Catania, aber die Bergstation »Rifugio Sapienza«, der einzige touristische Stützpunkt am Ätna mit Restaurants, Souvenirläden und der Seilbahn, die Touristen hoch auf die Spitze des Ätna brachte. Mit unzähligen Planierraupen versuchte man, einen 150 Meter breiten Lavastrom an der Bergstation vorbei ins Tal zu leiten – vergeblich: Unerbittlich zerstörte die Lavalawine die Seilbahnstation und zudem einige Ferienhäuser. Damals war der Ätna weiträumig abgesperrt, und zahlreiche Schaulustige, die der Berg anscheinend unüberhörbar laut rief, konnten nur aus der Ferne die rotglühende Lava beobachten, die sich im Schneckentempo über die Bergflanken schob.

Fährt man heute auf den Ätna, sieht man auf der Bergstation »Rifugio Sapienza« auf 1881 Metern Höhe noch deutlich die Spuren seines Zorns: Von der Seilbahn ist nichts mehr übrig, und man wagt es nicht, sie wieder aufzubauen, weil der Ätna zu unberechenbar ist und Vulkanologen deshalb davon abgeraten haben. Wer höher hinauf will, muß sich entweder zu Fuß auf den Weg machen oder in eins der Amphibienfahrzeuge steigen, die für etwa vierzig Euro zwei Stunden lang durch die schwarze Kraterlandschaft kurven.

Fünfhundert Leute arbeiteten vor dem Ausbruch auf der Bergstation im Dienste der Ätna-Touristen. Inzwischen hat man sich hier wie überall auf Sizilien arrangiert: Der Feuerriese ist eine Gewalt, die man akzeptiert wie Erdbeben, die allgegenwärtige Korruption und die Gluthitze der Sonne während der Sommermonate. Deshalb stehen jetzt an der Bergstation provisorische Buden und zu Verkaufsständen umfunktionierte Last- und Lieferwagen, an denen touristentaugliche Ätna-Produkte verkauft werden: Honig mit Pistazien, Mandeln und Haselnüssen, überhaupt Pistazien, die für die Gegend um den Ätna und Catania typisch sind, und natürlich Pesto und getrocknete Tomaten – das darf nirgendwo auf Sizilien fehlen – sowie Postkarten, Plakate und Videokassetten in allen erdenklichen Sprachen über den spektakulären Ausbruch von 2001.

Man muß sich schon sehr für Geologie und Vulkanologie begeistern, um dem viel abgewinnen zu können: Selbst wenn unten an der Küste die Sonne strahlt, hängt der mächtige Ätna oftmals in Wolkengebirgen, und drei Jahre nach dem letzten Ausbruch sieht man auf dieser Höhe noch kaum die Spuren neuer Vegetation, sondern eine grau-schwarze Mondlandschaft, über die sanfte Nebelschwaden ziehen.

Die Fahrer der meisten Reisebusse lassen den Touristen Zeit, Ätna-Honig erst zu kosten und dann ein paar Gläser zu kaufen, und fahren dann zu dem hübschen Nebenkrater, der bei dem Ausbruch 2001 glücklicherweise ganz in der Nähe der Bergstation entstanden ist und die zerstörte Seilbahn ein Stück weit wettmacht. Diesen Krater kann man innerhalb von fünfzehn Minuten zu Fuß umrunden, und wenn man Glück hat, dann steigt daraus ein wenig Rauch auf. Und noch mehr

Glück – mit der Sicht – muß man haben, um tief unten an der Küste Catania liegen zu sehen.

Die Provinzhauptstadt und nach Palermo der zweitgrößte Ort auf der Insel, neidet Palermo den Hauptstadtstatus ein wenig. Aber die Catanier sind stolz auf die hier ansässige Industrie und ihre Geschäftigkeit, wo doch Palermo nachgesagt wird, daß es sich verschlafen im Glanz seiner Bürokratie sonnt. Seit einigen Jahren haben sich in Catania große Softwarefirmen angesiedelt, und schnell hatte die neue Industrielandschaft den Namen »Etna Valley« weg. Mikrochips, Telekommunikation und Software: In Catania betont man, daß solche Dinge längst nicht mehr aus Mailand oder Deutschland, sondern aus Sizilien kommen.

Naturwissenschaftliche Forschung hat in Catania eine lange Tradition und ist im Fall des geheimnisvollen Ettore Majorana ein wenig mysteriös: Der in Catania geborene Physiker stellte 1932 mit fünfundzwanzig Jahren sechs Monate vor Werner Heisenberg seine Theorie des Atomkerns an der Universität von Rom vor. Ob er ahnte, welche Folgen diese Entdeckung haben würde? Das bleibt ein Rätsel, denn 1938 verschwand der Forscher spurlos: Ob er ermordet wurde, sich umbrachte oder einfach eine neue Identität annahm, um in Ruhe weiterleben zu können, bleibt Spekulation. Tatsache ist, daß er letztmalig auf einem Fährschiff von Palermo nach Neapel gesichtet wurde – danach verliert sich seine Spur. Das nie aufgeklärte Geheimnis inspirierte Leonardo Sciascia zu einem Roman über den Fall, ›Das Verschwinden des Ettore Majorana‹, in dem er mutmaßt, der Physiker habe sich in ein Kloster zurückgezogen, um sein Leben in Einsamkeit und Abgeschiedenheit zu beschließen.

Besonders stolz ist man in Catania jedoch auf Vincenzo Bellini, den großen Opernkomponisten. Die Oper spielt auf ganz Sizilien eine wichtige Rolle, davon zeugen die vielen Opernhäuser selbst in kleineren Städten. Das Teatro Massimo in Palermo ist eines der größten Opernhäuser der Welt, und Catanias Teatro Bellini kommt recht bald danach und wurde 1890 natürlich mit Bellinis Meisterwerk, der Oper ›Norma‹, eingeweiht. Catanias Oper ist ein schönes Beispiel für den sizilianischen Jugendstil und die Belle Époque auf der Insel, und weil es schon nicht das größte in Italien, Europa oder sonstwo ist, rühmen die Catanier wenigstens sein Foyer als das schönste Europas.

Überall in Catania findet man die Spuren von Vincenzo Bellini, der 1818, erst siebzehnjährig, seine Heimatstadt verließ: Statuen oder den wunderschönen Giardino Bellini, einst der Privatpark der Fürsten Biscari, einer der großen Adelsfamilien Catanias. Mit seinen 71 000 Quadratmetern bildet er eine Art weitläufige grüne Lunge der Stadt, über die schon Ralph Waldo Emerson nach einem Besuch in Catania begeistert schrieb.

Den Giardino Bellini mit seinem alten Baumbestand, den schönen Brunnen und gepflegten Beeten erreicht man von der Via Etnea aus, der Hauptachse der Stadt. Sie ist die unbestrittene Prachtstraße Catanias, Flaniermeile, Einkaufsstraße und gute Stube, die inzwischen wenigstens zum Teil wieder zur Fußgängerzone umfunktioniert wurde. Einst bevölkerten hier Catanias Don Giovannis die eleganten Cafés, und seit den achtziger Jahren – wesentlich früher als in Palermo – hat man die schönste Straße der Stadt wieder zu einem Schmuckstück gemacht mit unzähligen Bars, Cafés und Restaurants, die auch dann noch Besucher anlocken, wenn die eleganten Geschäfte längst geschlossen sind.

Bekannt und beliebt sind die »Pasticceria Savia« und die »Gelateria Caviezel« – letztere ist inzwischen nicht mehr in der Via Etnea, sondern in die Via Cervignano umgezogen. Die Gebrüder Caviezel sind im neunzehnten Jahrhundert aus der Schweiz nach Catania ausgewandert, um hier ein Eiscafé zu eröffnen, das bald zum beliebtesten der Stadt avancierte.

Berühmt sind Catanias Konditoreien und Eiscafés vor allem für ihr Pistaziengebäck und Pistazieneis. Letzteres sieht zwar giftig grün aus, schmeckt aber wunderbar nach Pistazien, da man hier nicht mit den wertvollen Nüssen sparen muß, die auf dem mineralhaltigen Vulkanboden hervorragend gedeihen. Und Pistazienkekse gibt es in allen erdenklichen Varianten: Mit Honig, Schokolade oder Marzipan locken sie in jeder noch so kleinen Bar.

Die grünen Nüsse, die die Araber nach Sizilien brachten, werden aber nicht nur zu Eis und Gebäck verarbeitet: Nudeln mit Pistazienpesto oder Pistaziensauce sind in und um Catania äußerst beliebt und stehen in vielen Restaurants auf der Speisekarte. Für seine Pistazien besonders berühmt ist der kleine Ort Bronte an den Hängen des Ätna, der auch aufgrund einer historischen Kuriosität bekannt ist: König Ferdinand, der zu Beginn des achtzehnten Jahrhunderts über das sogenannte Königreich beider Sizilien herrschte (Neapel und Sizilien), wollte sich bei Admiral Nelson für die Niederschlagung eines Aufstands in Neapel und die Sicherung seines Throns erkenntlich zeigen und machte den Briten 1799 kurzerhand zum Herzog von Bronte. Ein Bewunderer des siegreichen Horace Nelson war der anglikanische Pfarrer Patrick Prundy aus Drogheda in Irland, der den Namen Brontë annahm. Dessen drei Töchter Charlotte, Emily und Anne haben mit ihren Romanen den Namen Brontë zu einem festen Bestandteil der englischen Literaturgeschichte gemacht. Und Drogheda, der Heimatort der Familie, ist heute Brontes Partnerstadt in Irland.

Folgt man der Via Etnea vorbei an Barockpalazzi aus schwarzem Lavastein, schicken Bars und kleinen Restaurants, erreicht man schließlich die prächtige Piazza Duomo, auf der Catanias Wahrzeichen steht: ein Elefant mit erhobenem Rüssel – eine tierische Geste, die Glück bringt, wie man auf Sizilien glaubt. Der Elefant selbst steht für Intelligenz und Langlebigkeit, und intelligent mußten die Catanier seit der Gründung ihrer Stadt im Jahr 730 vor Christus immer wieder sein, um trotz Vulkan und Erdbeben lange zu leben.

Eine Legende erzählt, daß ein Elefant bei der Gründung der Stadt alle wilden Tiere vertrieb und damit den ersten Siedlern zu Hilfe kam, weshalb er seit dem dreizehnten Jahrhundert das Wahrzeichen Catanias ist. Die Statue aus schwarzem Lavastein auf der Piazza Duomo hingegen ist nach Meinung der Historiker ein Talisman aus byzantinischen Zeiten, der die Stadt vor dem Zorn des Ätna schützen sollte. Der etwas gedrungen wirkende, beinah niedlich aussehende Dickhäuter, der zu schmunzeln scheint, heißt im Volksmund der Catanier *u liotru*, Elidoro.

Elidoro, ein berühmter Magier Catanias, soll nämlich im achten Jahrhundert mit seinen Zauberkunststückchen den Frieden der Stadt gestört und unter anderem den steinernen Elefanten durch die Straßen marschieren gelassen haben. Ob ihm das gelungen ist, weiß man nicht genau, der unglückselige Zauberer wurde jedenfalls wegen Ketzerei auf dem Scheiterhaufen verbrannt. An *u liotru* hängt man in Catania immer noch, und als die Statue im neunzehnten Jahrhundert von der Piazza Duomo auf einen Platz am Rande der Stadt geschafft werden sollte, ging ganz Catania auf die Barrikaden, bis die Stadtherren diesen Plan aufgaben.

Auf dem Rücken des Elefanten thront ein Obelisk ägyptischer Herkunft, und der berühmte sizilianische Barockarchitekt Giovan Battista Vaccarini, der nach dem verheerenden Ausbruch des Ätna und dem Erdbeben von 1693 die Stadt neu gestaltete, hat die beiden heidnischen Symbole – den Elefanten und den Obelisken – mit christlichen kombiniert und rundherum einen Barockbrunnen gebaut.

Verläßt man die Piazza Duomo in Richtung Hafen, liegt rechts der berühmte Fischmarkt und älteste Markt der Stadt, die »Peschiera«, auf der man vormittags umgeben von barocken Stadtpalästen die unglaublichsten Fische bestaunen und kaufen kann. Berühmt sind in Catania die sogenannten *occhi di bue*, Ochsenaugen, riesige perlmuttschillernde Muscheln, die auf deutsch nicht viel romantischer Seeohr heißen, entweder roh oder gegrillt mit Öl und Knoblauch zubereitet werden und in der Provinz Catania von alters her als Aphrodisiakum gelten. Auf Aphrodisiaka versteht man sich ohnehin in Catania: Immerhin soll ein Koch der Kleopatra Catanier gewesen sein, nämlich Apollodoro, der mit seinen Kochkünsten Kleopatra dabei unterstützte, ihren Geliebten Mark Anton zu verführen.

Hier wie auf allen Fischmärkten Siziliens ragen die dolchartigen langen Nasen der Schwertfische in die Luft, deren Köpfe zu Dekorationszwecken aufgestellt werden, während die Fischhändler selbst mit bewundernswertem Geschick den Fisch in Scheiben schneiden, kleinere Fische filettieren oder – auch sehr malerisch – riesige Tintenfische von ihrer Tinte säubern. Die Ware liegt auf Bergen von gestoßenem Eis und wird regelmäßig mit sauberem Wasser übergossen, und die Bottiche, in denen die Fische für die Kunden gesäubert und filettiert werden, werden ebenfalls unablässig mit frischem Wasser gefüllt. Das schmutzige Wasser wird mit kühnem Schwung in Richtung Gulli auf den Boden gekippt. Die besten Lederschuhe sollte man deshalb bei einem Besuch auf dem Fischmarkt nicht unbedingt tragen.

Die Fischverkäufer sind rauhe, mit hohen Gummistiefeln ausgerüstete Gestalten, die das alles wenig stört. Und erstaunlicherweise sind die Kunden auf den traditionellen Märkten wie der »Peschiera« häufig Männer: Der Fischkauf ist eine äußerst ernsthafte Angelegenheit, und gern steht man hier in Gruppen mit den Verkäufern zusammen und diskutiert ausgiebig, bevor man eine Entscheidung fällt. Das heißt natürlich nicht, daß man Frauen mit Mißtrauen begegnet, sie haben nur einfach an diesen geheimnisvollen Diskussionsrunden nicht teil, sondern kaufen ihren Fisch ohne besagtes Zeremoniell.

Am Nachmittag erinnert hier nichts mehr an das bunte Treiben und das Geschrei, denn spätestens mittags sollte der Fisch verkauft sein, und die Händler bauen ihre Stände ab.

Ähnlich sieht es dann auch auf der weitläufigen Piazza Carlo Alberto aus, wo tagtäglich der zweite wichtige Markt Catanias abgehalten wird: die »Fiera«, mit Obst, Gemüse und Fleisch, aber inzwischen auch mit den unvermeidlichen Billigtextilien sowie Taschen- und Turnschuhimitaten. Neben sorgfältig arrangierten Obst- und Gemüseständen – auf Sizilien ist die Choreographie der Farben wichtig: vor dem weißen Fenchel liegen die roten Radieschen und neben den blaßgrünen Äpfeln stehen die Stiegen mit den orange-roten Kaktusfeigen – gibt es Stände mit abenteuerlich billigen Putzmitteln, Haushaltsutensilien und Unterwäsche.

Aber während auf der »Peschiera« das Pflaster ständig mit Wasser gespült wird und dort nachmittags höchstens noch ein paar Pfützen stehen, sieht es auf der »Fiera«

nach Abbau der Stände wie nach einem Bombenangriff aus: Auf dem riesigen, plötzlich leer und verlassen wirkenden Platz türmen sich Gemüsereste – kauft man Brokkoli, Artischocken oder Fenchel, muß das Gemüse erst einmal mit ein paar Hieben vom Blattwerk oder vom Kraut befreit werden, das unbekümmert auf dem Boden landet –, und auch jede andere Art von Müll liegt auf der Straße, bevor die Müllabfuhr hier für Ordnung sorgt.

Catanias Märkte sind weitläufiger als die in Palermo, die sich in die engen Gassen der Altstadt schmiegen. Der Zorn des Ätna hat aus Catania eine Stadt der Wiedergeburt gemacht, die sich in jeder Epoche neu erfinden mußte. Hier gibt es kein enges unüberschaubares Gassengewirr wie in Palermo, sondern eine barocke Großzügigkeit und breite Straßen, die zum Flanieren einladen.

Vor der Rückfahrt nach Palermo werfen wir einen letzten Blick auf Catania, das friedlich unter dem Ätna – der wie immer in einer Wolke versteckt ist – liegt. Vor uns fährt ein Auto mit dem Aufkleber »No al ponte«, Nein zur Brücke, der an der gesamten Ostküste Siziliens verbreitet ist: Hier hält man wenig vom Größenwahnsinn eines Silvio Berlusconi und würde es begrüßen, wenn erst einmal die Straßen und das Schienennetz dem norditalienischen Standard angeglichen würden, bevor die Insel mit dem Festland durch eine gigantische Brücke verbunden wird, die Erdbeben und Vulkanausbrüche problemlos verkraftet, wie die Planer stolz verkünden. In Catania war man schon immer praktisch veranlagt und legte wenig Wert auf große Symbole: Von einem Jahrhundertbauwerk, mit dem ein Mailänder in die Annalen eingehen will, läßt man sich nicht beeindrucken.

Barock-Idylle am Ende der Welt

Wer zum ersten Mal nach Sizilien reist, wird von den Kulturschätzen der Insel schier erschlagen und hat nach griechischen Tempeln, römischen Amphitheatern, normannischen Kathedralen und byzantinischen Mosaiken erfahrungsgemäß kaum mehr Zeit für die Barock-Städte im Südosten der Insel. Taormina mit seinem griechisch-römischen Amphitheater und Syrakus, eine der wichtigsten griechischen Städte der hellenischen Welt, stehen als Etappen an der Ostküste Siziliens auf jedem Programm, aber nur selten wagt sich jemand von Syrakus aus weiter in den wilden Südosten der Insel vor, wo die Menschen einen unverständlichen Dialekt sprechen, die Autobahnen vollkommen fehlen und man sich irgendwann ganz bestimmt verfährt.

Aber die Städte und Städtchen des sogenannten Val di

Noto, des Tals von Noto, lohnen allesamt einen Besuch, und jeder noch so kleine Weiler hat eine schöne Barockkirche vorzuweisen. »Sizilianischer Barock« steht für prächtige Palazzi mit bauchigen Balkonen, die von phantastischen Fabelwesen in die Höhe gehoben werden, für grimmige Wasserspeier, prächtige Fassaden, für warme Farben und das Spiel mit Licht und Schatten.

Typisch sizilianisch ist die Tatsache, daß die ganze Pracht einem Unglück zu verdanken ist – nämlich dem verheerenden Erdbeben von 1693. Die Katastrophe, die den gesamten Südosten der Insel von Catania über Syrakus bis hin nach Ragusa und Modica verwüstete, erreichte nach heutigen Berechnungen eine Stärke von mindestens 8,6 Punkten auf der Richterskala. Blühende Städte verwandelten sich innerhalb von Minuten in ein Trümmerfeld, und kein Stein blieb auf dem anderen. Aber die Sizilianer kapitulierten nicht vor der Naturgewalt, sondern bauten ihre Städte wieder auf: Adel und Klerus hatten genügend Geld, um sich in Stein zu verewigen und ihre Städte zur Theaterkulisse ihrer Eitelkeiten zu machen.

Zehn Kilometer von Noto Antica, dem alten Noto, entfernt, entstand im siebzehnten Jahrhundert das heutige Noto, das vielleicht das vollkommenste barocke Stadtbild aufweist. Hier ist alles Effekt, und man bewegt sich wie auf einer Bühne. Selbst kleinere Kirchen erreicht man über bombastische Freitreppen, und wenn sich der warme Tuffstein im Abendlicht ocker- und pfirsichfarben färbt, sieht die Stadt unwirklich schön aus. Auf dem langen Corso mit seinen unzähligen Kirchen und ehemaligen Klostergebäuden flanieren ein paar Jugendliche und der Verkehrspolizist des Städtchens, und vor einem kleinen Park diskutieren lautstark alte Männer, die die Pracht ringsherum längst nicht mehr rührt.

In Ragusa, Modica, Noto und den anderen Barockstädten zeigt sich der Reichtum und die Verschwendungssucht – aber auch der fröhliche Leichtsinn des sizilianischen Adels. Nicht überall wurde man aus Schaden klug, sondern baute etwa im neuentstandenen Ragusa Ibla den wunderbaren Georgsdom mit einer atemberaubenden Kuppel ohne Stützpfeiler, die beim nächsten schwereren Erdbeben unweigerlich einstürzen muß. Der Prachtbau hat alle Unbill der sizilianischen Natur bis heute überdauert – was leider bei der Kathedrale von Noto nicht der Fall war. Die fiel keinem Erdbeben zum Opfer, sondern der Achtlosigkeit der schläfrigen Behörden und stürzte – glücklicherweise kurz nach der Sonntagsmesse, als sich das mächtige Kirchenschiff bereits geleert hatte – schlicht und ergreifend ein, weil sie baufällig war. Das war 1996, und seitdem wird fleißig restauriert.

Seit die sizilianischen Barockstädte des Val di Noto 2003 von der UNESCO zum Weltkulturerbe der Menschheit erklärt wurden, kann man sich über Mittelknappheit nicht mehr beklagen. Das hat den Tourismus angekurbelt, und eifrig bemüht man sich um die immer zahlreicheren Besucher, die die Palazzi und Kirchen bestaunen. Dabei ist es gar nicht so einfach, in diesen abgelegenen Winkel Siziliens zu gelangen: 270 Kilometer sind es von Palermo nach Ragusa, aber für die Fahrt braucht man mindestens vier Stunden, fährt über kurvige Landstraßen durch menschenleere Gegenden im Inselinneren, landet irgendwann unweigerlich in der Industriestadt Gela an der Südküste, aus der man nur mühsam wieder herausfindet und staunt an Kreuzungen oder riesigen Kreisverkehrkonstruktionen über die wilde Beschilderung, die in den seltensten Fällen mit den Angaben auf der Karte übereinstimmt. Entweder fehlt ausgerechnet der Hinweis auf die Ortschaft, die man ansteuert, oder man findet gleich zwei oder mehr Schilder, die angeblich den Weg zu dem gewünschten Ort weisen – auch wenn sie in entgegengesetzte Richtungen zeigen. In dem Fall kann man nur erraten, ob man sich auf eine Landstraße oder einen besseren Saumpfad wagt. Erkundigt man sich nach dem Weg, hört man meistens, daß das nicht ganz einfach sei, man es doch erst einmal in dieser Richtung versuchen und dann noch einmal nachfragen solle – nur zur Sicherheit, versteht sich...

Diesen speziellen Gegebenheiten trägt man am besten Rechnung, indem man viel Zeit mitbringt, Umwege und Irrfahrten riskiert und die ursprüngliche Landschaft genießt, die einen ganz eigenen Reiz hat. Die Provinz von Ragusa ist geprägt von ausgedehnten Olivenhainen, Johannisbrotbäumen und unzähligen Trockenmauern aus Tuffstein, die einstmals die Parzellen der Bauern voneinander trennten. Eine bukolische Landschaft mit Toskana-Flair, aber ursprünglicher, in der am Horizont immer wieder das Meer auftaucht, dessen Küste hier zumeist unberührt ist. Was in weiten Teilen naturbelassen wirkt, ist die Region Siziliens, aus der neunzig Prozent der sizilianischen Gemüseproduktion stammen. Tatsächlich entdeckt man endlose Fluchten von Gewächshäusern, in denen das »grüne Gold«, wie die Sizilianer diesen Schatz in Abgrenzung zum schwarzen Gold von Gela, dem Erdöl, nennen, angebaut wird. Berühmt sind die beiden Tomatensorten *pomodoro ciliegino* (Kirschtomate) und *pomodoro datterino* (Datteltomaten), die besonders süß und geschmacksintensiv sind. Der Gemüseanbau hatte zur Folge, daß die Gegend um Ragusa bereits seit den siebziger Jahren zum Einwanderungsgebiet für Tunesier wurde, die bei der Ernte mitarbeiteten.

Der Eindruck einer archaischen Landschaft und Gesellschaft in diesem abgelegenen Zipfel der Insel täuscht deshalb auch: In dem kleinen Ort Santa Croce Camerina in der Nähe von Ragusa lebt beispielsweise die größte tunesische Gemeinschaft Siziliens. Hier ist im Zeichen der multikulturellen Gesellschaft alles zweisprachig ausgezeichnet und beschildert, und als im Oktober 2004 in Tunesien Präsidentschaftswahlen waren, setzte die tunesische Gemeinschaft des Ortes erstmals durch, von Sizilien aus mitwählen zu dürfen. Aber der Gemüseanbau, der die wertvollen Arbeitsplätze geschaffen hat, ist in den letzten Jahren in die Krise geraten, denn der europäische Gemüsemarkt ist global geworden, und mit Hilfe der Gentechnik können Tomaten überall produziert und dann um die halbe Welt geschickt werden.

Mit Sorge beobachteten die Lokalpolitiker diese Entwicklung und konzentrieren sich immer stärker auf den Tourismus. Demnächst soll der ehemalige Militärflughafen von Comiso, der in den achtziger Jahren geschlossen wurde, ausgebaut und als Zivilflughafen wiedereröffnet werden. Aufgrund der einst hier ansässigen Nato-Basis nannte man die Stadt damals Cruisetown – jetzt sollen Touristen ohne den Umweg über Palermo oder Catania direkt nach Comiso und in die Provinz Ragusa fliegen können.

Kulturtourismus, natürlich. Man wirbt mit Baudenkmälern, den Schriftstellern des Landstrichs und den Orten, die Film und Fernsehen berühmt gemacht haben. Auch die gastronomische Tradition wird großgeschrieben: Das sind in der Provinz Ragusa vor allem Fleischgerichte und Nudeln, während Fisch und Meeresfrüchte eine untergeordnete Rolle spielen. Das typische Olivenöl der Gegend ist ein wenig gewöhnungsbedürftig, da es aufgrund spezieller Herstellungsmethoden ausgesprochen schwer im Magen liegt, auch wenn der kräftige Geschmack sehr angenehm ist.

Ein typisch ragusanisches Gericht sind hausgemachte, mit salziger Ricotta gefüllte Ravioli in einer Sauce aus Wildschwein-Ragout – äußerst schmackhaft, aber auch äußerst sättigend. Da man die typische Küche am besten in einem der unzähligen Agriturismi erlebt und große Hotels und Clubanlagen glücklicherweise selbst in Strandnähe vergeblich sucht, reservieren wir ein Zimmer in dem Agriturismo »Le Case di Sant'Andrea« in der Nähe von Noto. Die Fotos im Internet zeigen die schönen alten Gebäude eines ehemaligen Gutshofs aus dem siebzehnten Jahrhundert, neugierig macht jedoch vor allem die ins Deutsche übersetzte Beschreibung: »Eindrucksvolle Verkürzungen« biete das »gotikrömische Dorf« seinen Besuchern, heißt es da, denn einst habe es den »Kern des munteren Lebens der Bauern« dargestellt.

Wie so ein Ort aussehen könnte, wollen wir herausfinden, und machen uns von Catania aus auf den Weg nach Buccheri. Hier wird die Landschaft immer ursprünglicher, und die Gegend scheint menschenleer. Irgendwann haben wir uns hoffnungslos verfahren und geben auf. An der nächsten Stelle, an der das Handy ein Lebenszeichen von sich gibt, rufen wir an, und kurze Zeit später taucht aus dem Nichts die Besitzerin des Agriturismo persönlich auf und weist uns den Weg. Alfia Aldaresi wohnt und arbeitet in Catania und hat einen Tag Urlaub genommen, um uns beherbergen und bekochen zu können. Die Pächter, die in den Sommermonaten die Leitung ihres romantischen Agriturismo übernommen haben, sind längst in die Stadt zurückgekehrt, denn in den Wintermonaten verirrt sich selten jemand hierher. Unser Abendessen hat sie zusammen mit ihrer Tochter gekocht: traditionelle Gerichte wie Maccu, eine Art Bohnenbrei mit Nudeln, und süßsaures Kaninchen, eine Spezialität der Gegend. Außerdem gibt es Oliven aus den umliegenden Olivenhainen und kräftigen Hauswein. Alfia und ihre Tochter tragen unaufhörlich neue Gerichte aus der Küche und sind ein wenig enttäuscht, als wir irgendwann erschöpft kapitulieren.

Erst am nächsten Morgen bei Tageslicht entdecken wir die sanften Hügel mit den Olivenbäumen ringsherum und die kleine Kirche aus Normannenzeiten ganz in der Nähe des Gutshofs. Ein seltsamer Anblick in dieser Gegend: Wie durch ein Wunder muß sie das Erdbeben des Jahres 1693 überstanden haben. Die Kirche Sant'Andrea gehörte zu einem Kloster der Tempelritter, und Alfia Aldaresi erzählt, daß das Gehöft »Le case di Sant'Andrea« ursprünglich einmal Teil des Klosterkomplexes war, bevor es im siebzehnten Jahrhundert zu einem Landgut und damit wohl zum »Kern des munteren Bauernlebens« wurde. Nachdem wir zum Frühstück selbstgebackenen Schokoladenkuchen probiert haben, dessen bittere Schokolade für Siziliens Südosten typisch ist, fahren wir auf Tage hinaus gesättigt weiter nach Modica, wo die historische Tradition der Schokoladenherstellung heute noch gepflegt wird. Dabei geht es nicht um Milka-ähnliche Produkte, sondern um die echte *xocoàtl*, wie die Azteken die aus der Kakaobohne gewonnene Köstlichkeit nannten.

Francesco Ruta, Besitzer der ältesten Schokoladenfabrik von Modica, der ehrwürdigen »Dolceria Bonajuto« (gegründet 1880), behauptet, die Conquistadores höchstpersönlich hätten das Originalrezept aus Mexiko nach Spanien gebracht. Von dort aus sei es dann mit den spanischen Eroberern nach Modica gelangt. Und während an anderen Orten Europas das Originalrezept abgeändert wurde, ist man hier den Ursprüngen treu geblieben: Die Kakaobohnen werden geröstet und dann gemahlen, bis eine feste Masse entsteht, der nach

Abkühlung Zucker und wahlweise Vanille, Zimt oder Paprika beigemischt wird – keinesfalls jedoch Kakaobutter oder Fett. Alle anderen Varianten und Methoden waren den Azteken unbekannt und werden in der »Dolceria Bonajuto« nicht gepflegt. Das Resultat ist eigenartig und hat wenig mit der uns bekannten Schokolade zu tun, denn der Zucker löst sich natürlich in der abgekühlten Masse nicht auf und knirscht munter zwischen den Zähnen. Egal, ob Francesco Rutas Theorie über die Azteken-Spanien-Modica-connection stimmt, das Rezept für *xocoàtl* aus Modica ist sicher ursprünglicher als das von Milka oder Ritter Sport, und man spart im übrigen jede Menge Kalorien.

Die »Dolceria Bonajuto« liegt in einer kleinen Seitenstraße des Corso von Modica, ein wenig abseits der Palazzi und Kirchen. Touristen und Einheimische finden trotzdem den Weg zu Modicas ältester Schokoladenfabrik, wo man für eine Tafel (100 Gramm) immerhin drei Euro sechzig bezahlt, aber alle Sorten probieren darf und in die großen Räume geführt wird, in denen Schokolade, Schokoladenlikör und -gebäck hergestellt werden.

Wesentlich mehr Pfadfindergeist muß man aufbringen, will man Salvatore Quasimodos Geburtshaus finden, das ebenfalls in Modica steht. Der sizilianische Dichter, der 1959 den Nobelpreis erhielt, verbrachte zwar nur die ersten drei Jahre seines Lebens in Modica, kehrte aber immer wieder gern in seinen Geburtsort zurück. Der Spaziergang zu seinem Haus führt durch enge Gäßchen und verwinkelte Straßen und öffnet überraschende Einblicke in die Hinterhöfe und Vorgärtchen der Stadt. Hat man das Haus schließlich gefunden, gelangt man durch einen mit Pflanzen überwucherten Innenhof an eine Treppe, die an der Wohnung des Vermieters vorbei in die obere Etage führt. Quasimodos Vater war Eisenbahner und wurde kurz vor der Geburt des Sohnes nach Modica versetzt, wo er eine möblierte Zwei-Zimmer-Wohnung mietete. Die Enkelin des damaligen Vermieters ist heute eine alte Frau, die aus ihrem im Dämmerlicht liegenden Wohnzimmer durch die offene Tür verwundert den wenigen Besuchern nachschaut, die hierherkommen. In der Wohnung der Familie Quasimodo ist nur noch das Schlafzimmer original: Nach zähen Kämpfen hat die Stadt Modica das Mailänder Arbeitszimmer des Dichters erwerben können und nach Sizilien verfrachten lassen. Das kann man nun anstelle des ehemaligen Wohnzimmers bewundern.

Wesentlich mehr Besucher als Quasimodos Geburtshaus finden jedoch die zahlreichen Orte in der Provinz Ragusa, die Film und Fernsehen berühmt gemacht haben: Ragusa Iblas wunderschöne Piazza, die aus Giuseppe Tornatores Film ›Der Mann, der die Sterne macht‹ bekannt ist, und die Orte der in ganz Italien beliebten Fernsehfilme um Salvo Montalbano, den sizilianischen Kommissar, der in dem fiktiven Dörfchen Vigàta einen Kriminalfall nach dem anderen aufklärt.

Dessen geistiger Vater Andrea Camilleri ist mit seinen Büchern längst auch in Deutschland berühmt und hat sich – bevor der Ruhm kam – keine Gedanken darüber gemacht, welche Kämpfe er auf seiner Heimatinsel provoziert: Um die Ehre, Vorbild für Vigàta, Montalbanos Dorf, zu sein, streiten verbissen zwei sizilianische Orte: Porto Empedocle an der Südküste Siziliens, die Geburtsstadt von Andrea Camilleri, und Punta Secca in der Nähe von Ragusa, das Vigàta der Fernsehfilme über Kommissar Montalbano. In beiden Dörfern prangt unter dem Ortsschild längst ein weiteres Schild mit der Aufschrift »Vigàta«, und die Restaurants werben mit Gerichten aus der aus den Krimis bekannten Trattoria »Don Calogero«.

In Punta Secca und Ragusa Ibla (wo man ebenfalls einen Teil der Szenen drehte), sieht man den Aktionismus der Konkurrenz gelassen: Porto Empedocle hat außer der Ehre, der Geburtsort von Andrea Camilleri (der Autor lebt außerdem seit Jahrzehnten in Rom) zu sein, Touristen wenig zu bieten – die Schönheit von Ragusa und Punta Secca hingegen sprechen klar für sich.

Dafür kann man im August mit ein wenig Glück in Porto Empedocle in der Bar »Albanese« Andrea Camilleri persönlich treffen. Der macht jedes Jahr in seinem Heimatort Urlaub und nutzt dann die Bar als Büro. Und Journalisten aus dem In- und Ausland wissen längst, daß Camilleri im August in Porto Empedocle in eben jener Bar zu erreichen ist, in der Stefano, der Besitzer, für ihn Termine ausmacht und Telefonate entgegennimmt: Ein Hauch von sizilianischer Dorfmentalität im Montalbano-Business, das Camilleri zwar spät, aber mit voller Wucht getroffen hat.

Badefreuden

Sizilien liegt in Breitengraden, die, wenn schon keinen ewigen, so doch einen ausgedehnten Sommer verheißen. Da ist es klar, daß dem Badeleben besondere Bedeutung zukommt. Am Strand zu liegen ist Lifestyle und liebster Zeitvertreib, vor allem aber eins: unvermeidlich. Von Juni an (frühestens) bis Mitte September (spätestens) führt der Sizilianer ein wie auch immer geartetes Badeleben. Nach Mitte September kann es brüllend heiß sein und keine Wolke am Himmel stehen, die noch drei Wochen zuvor bedrohlich überfüllten Strände leeren sich gleichwohl, denn jetzt ist Herbst und die Saison vorbei.

Ähnlich abrupt wie ihr Ende ist der Anfang der Saison im Juni. Ausländische Touristen erkennt man daran, daß sie bei 23 Grad und bewölktem Himmel im Mai im

Meer herumschwimmen, daß sie im Dezember bei 18 Grad im T-Shirt am Strand sitzen (während die Einheimischen schon längst Pelzmäntel und ähnliches tragen – es ist immerhin tiefster Winter), daß sie oben ohne am Strand liegen (tut man hier selten) oder daß sie im Hochsommer verzweifelt nach »einsamen Stränden« suchen und Strandclubs und Bars mit Musikanlagen zu meiden versuchen.

Strandleben ist wie jede andere Freizeitbeschäftigung eine Aktivität, die man auf Sizilien am liebsten mit möglichst vielen Freunden oder der Familie teilt, und nichts wird als trauriger und freudloser empfunden, als allein an den Strand zu gehen. Ab Juni verabredet man sich für jede freie Minute am Meer, und selbst eine halbe Stunde Einsamkeit führt zu Panik und Angstschweiß. Jeder hat seinen Lieblingsstrand, zu dessen Grundausstattung der Parkplatz in der Nähe und wenn möglich ein paar Bars oder Restaurants gehören sollten.

Beliebt sind hier wie überall in Italien die sogenannten *cabine*. Das sind kleine Verschläge, die an mehr oder weniger prestigeträchtigen Stränden aufgebaut und saisonweise vermietet werden. Dort kann man seine Utensilien verstauen – Sonnenschirme, Liegen, Kleidung und Gaskocher, Grillgeräte, Minikühlschränke ... der Phantasie sind keine Grenzen gesetzt. An diese Verschläge, die jeden Traumstrand verschandeln, ist eine bestimmte Anzahl von Berechtigungsscheinen gekoppelt, die dem Mieter und seiner Familie gratis Eintritt zum dazugehörigen Strandclub verschaffen.

Eine solche *cabina* kostet in Mondello, dem vornehmen Badeviertel von Palermo mit seinem weißen Sandstrand und der palmengesäumten Uferpromenade mit den eleganten Jugendstilvillen, 1500 Euro pro Saison – vom 15. Juni bis zum 15. September. Wer dort seine *cabina* hat, kauft mittags an einer der unzähligen kleinen Bars ein *panino* oder geht im Restaurant essen, denn hier trifft sich Palermos High-Society, und natürlich bringt die sich keine ordinären Lunchpakete von zu Hause mit.

Das sieht im Strandclub »Lido sporting« in Altavilla, zwanzig Kilometer östlich von Palermo, schon anders aus. Hier kostet die *cabina* mit 1100 Euro pro Saison zwar nicht wesentlich weniger, aber viele Mieter verkaufen die Hälfte der acht Berechtigungsscheine, um einen Teil der Summe wieder reinzuholen. Während die Holzverschläge in Mondello wenigstens hellblau angestrichen sind und einen Hauch von Sommer, Sonne und Meer verbreiten, hat man hier einfach eine lange Reihe von Zementkästen an den Strand gesetzt. Und obwohl riesige Schilder kategorisch verbieten, Essen mitzubringen oder gar hier zuzubereiten – immerhin hat der Club ein Restaurant und eine Bar, die auch existieren müssen –, sieht man ab zehn Uhr morgens beim Einmarsch der Familien große Behälter im Gepäck mit den Vorräten für den Tag, die nur pro forma unter den Badehandtüchern versteckt werden. An den Wochenenden gibt es mittags bei mindestens fünfzig Prozent die beliebte *pasta al forno*, eine sizilianische Lasagnevariante, und abends jede Menge Fleisch, das am Strand auf kleinen Grills zubereitet wird. Damit ist auch der Tagesablauf festgelegt: ab elf Uhr wird das Mittagessen vorbereitet

(Frauen), geraucht und diskutiert (Männer), ab eins gegessen (alle zusammen), ab drei gespült (Frauen) bzw. geschlafen oder geraucht (Männer), von vier bis sechs Karten gespielt (alle zusammen) und ab etwa sieben Uhr gegrillt (Männer). In den kurzen Pausen, die dieses Programm läßt, geht man gern ins Wasser, aber nicht zu lange und auch nicht zu weit hinein. Überhaupt verrät ausgedehntes Schwimmen zumeist den Ausländer, denn Sizilianer stehen mit Vorliebe in möglichst großen Gruppen bis zum Bauch im Wasser und frönen ihrer Leidenschaft: der Konversation.

Für die Familien, die seit Jahrzehnten ihre *cabina* im »Lido sporting« haben, ist mit der Ausgabe für die Zementbude das Urlaubsbudget zumeist mehr als erschöpft. Folgende Varianten der Urlaubsgestaltung fallen damit aus: Reisen jeglicher Art (zu teuer – und wer nutzt in dieser Zeit die *cabina*?), Ausflüge an andere Strände der Region (wieso auch – und wer nutzt an diesen Tagen die *cabina*?), Exkursionen ins malerische Hinterland (Sommer bedeutet Strand und nichts anderes. Außerdem: Wer nutzt an diesen Tagen die *cabina*?).

Eine Variante der *cabina* ist die *villeggiatura*. Das bedeutet, daß man sich ein Appartement oder Ferienhaus in Strandnähe sucht und mit möglichst vielen Freunden und Verwandten dort möglichst viele Tage im August, dem italienischen Ferienmonat, verbringt. Die *villeggiatura* ist ein dermaßen fester Bestandteil des sizilianischen Lebens, daß der Begriff gern als Euphemismus verwendet wird, wenn ein Verwandter im Gefängnis gelandet ist und man das Kind nicht beim Namen nennen will:

»*Mio marito se ne andò in villeggiatura*«, mein Mann ist verreist – diese Aussage sollte stutzig machen, denn einsame Urlaube, um zu sich selbst zu finden und Abstand vom Alltag und der Familie zu gewinnen, sind hier weitgehend unbekannt.

Außer *cabina* und *villeggiatura* sind Tagesausflüge zu den Traumstränden Siziliens beliebt. Von Palermo aus sind das San Vito Lo Capo im Westen und Cefalù im Osten, und der Inbegriff eines romantischen Wochenendes ist natürlich Taormina an der Ostküste mit seinen Luxushotels und vornehmen Strandclubs.

Der weiße Strand von San Vito Lo Capo mit dem kristallklaren Wasser breitet sich am gleichnamigen Kap aus. In dem ehemaligen Fischerdorf hat man sich inzwischen auf die hauptsächlich italienischen oder sizilianischen Touristen eingestellt – es gibt ein paar Hotels, aber ansonsten größtenteils Ferienwohnungen, die ein Paradebeispiel für die bereits erwähnte *villeggiatura* sind. Im Juli und August ist es an dem nicht übermäßig langen Strand so voll, daß man möglichst vor neun Uhr morgens ein Fleckchen für sein Strandtuch erkämpfen muß, und aus den Bars des nahe gelegenen Corso erklingt Dauerbeschallung.

Der Corso ist in San Vito wie überall auf der Insel von besonderer Bedeutung, schließlich wird abends stundenlang auf und ab flaniert, um sich (und im Sommer die tagsüber erworbene Bräune) zu zeigen. Vielerorts ist der Corso inzwischen eine befahrbare Straße, was der sizilianischen Vorliebe für zweckfreie Autofahrten entgegenkommt, aber hier in San Vito ist er Fußgängerzone geblieben und wird von der Dorfjugend und den Touristen genutzt wie einst – zu Fuß.

Das nahe gelegene Naturschutzgebiet »Lo Zingaro« mit seinen ausgedehnten Wanderwegen wird hingegen kaum frequentiert, muß man doch das Auto auf dem Parkplatz vor dem Eingang stehenlassen. Allerdings ist eine Wanderung dort nur im Frühling oder Herbst zu empfehlen, wenn die Temperaturen erträglich sind und man die unberührte Küste mit ihren kleinen Buchten und die Mittelmeervegetation bewundern kann, ohne einen Sonnenstich oder Verbrennungen dritten Grades zu riskieren.

Auch in San Vito ist dann schon wieder Ruhe eingekehrt oder der Sommertrubel liegt noch in weiter Ferne, und man kann das kristallklare Wasser und den Strand wirklich genießen. Verhältnismäßig fernab der Autobahn ist der Ort vom Massentourismus verschont geblieben, der etwa Cefalù schon seit Jahrzehnten alljährlich ereilt, und hat sich den fröhlichen, wenn auch etwas lauten Charme eines rein italienischen Ferienparadieses erhalten.

Das kleine Städtchen Cefalù fünfzig Kilometer östlich von Palermo hingegen hat genau den Mix, der ausländische Touristen anzieht: Kultur (der imposante Normannendom, den man schon von weitem sieht, und das Waschhaus aus arabischen Zeiten), mittelalterliche Gäßchen mit vielen mehr oder weniger typisch sizilianischen Keramikwerkstätten und Fischrestaurants, und einen endlos langen, breiten Sandstrand. Hier ist Kultur auch für Ortsunkundige und die, die der Sprache nicht mächtig sind, genießbar – seit einigen Jahren ist das mittelalterliche Zentrum von Cefalù Fußgängerzone (was nicht heißt, daß »Anwohner« aller Art ihr Gefährt nicht doch durch die engen Gassen quälen), der Normannendom ist restauriert und erstrahlt in neuem Glanz, und das städtische Museum ist auf internationale Besucher eingestellt. Immerhin hängt hier eines der bedeutendsten Werke eines sizilianischen Künstlers: Das »Porträt eines Unbekannten« von Antonello da Messina, das um das Jahr 1470 entstand. Das geheimnisvolle Lächeln des Unbekannten fasziniert heute noch genauso wie damals und hat den sizilianischen Schriftsteller Vincenzo Consolo zu dem Roman ›Das Lächeln des unbekannten Matrosen‹ angeregt – obwohl die Kleidung des Porträtierten eher auf einen vornehmen Bürger als auf einen Matrosen schließen läßt.

Was anderswo entweder nicht ausgeschildert oder mit öffentlichen Verkehrsmitteln schwer bis überhaupt nicht zu erreichen ist, was also am Gelegenheitstouristen oftmals vorbeigeht, ist hier so gut präsentiert, daß man es mühelos besichtigen kann. Vielleicht hängt die Touristenfreundlichkeit und die Funktionalität von Cefalù damit zusammen, daß hier seit Mitte der neunziger Jahre alle wichtigen Ämter, angefangen von der Bürgermeisterin, mit Frauen besetzt sind, leider ansonsten eine Ausnahmeerscheinung auf Sizilien.

Überdies führt eine Autobahn direkt an der Stadt vorbei, so daß Touristen sie schnell und problemlos erreichen können. Cefalù rühmt sich des ersten und einzigen Club Méditerranées Siziliens, der bereits in den fünfziger Jahren unter dem Namen Club Magique existierte. Als sich die Gruppe Méditerranée bildete, wurde der Magique aufgekauft und zum Club Med gemacht.

Internationaler Tourismus hat in Cefalù eine lange Tradition, auf die man stolz ist. In den zwanziger Jahren machte der berüchtigte Schwarzmagier Alistair Crowley Furore, als er in dem beschaulichen Städtchen eine Kommune gründete und mit seinen Freundinnen nackt baden ging. Mussolini persönlich ließ den Exzentriker zurück nach England schicken, und Cefalù konnte aufatmen.

Nach dem Zweiten Weltkrieg entdeckten vermehrt Franzosen den Charme der Stadt. Auch heute noch findet man in Cefalù keinen Barista, keinen Kellner und keinen Taxifahrer, der nicht jedem ausländisch aussehenden Touristen ein paar französische Brocken aufdrängt, obwohl längst auch Deutsche, Niederländer, Engländer und ein paar versprengte Osteuropäer den Weg nach Cefalù gefunden haben.

Liest man die Ausflugsangebote der Touristenbüros, dann findet man die gängigen Highlights der Insel wie Agrigent, Taormina oder Palermo – aber das wunderschöne Hinterland von Cefalù mit seinem Mittelgebirge, den Madonie, und den einsamen Gebirgsdörfchen, die sich an die Felskuppen der schroffen Berge schmiegen, steht kaum auf einem Programm. Hier kann man im Herbst Pilze sammeln, wandern und ausgedehnte Fahrradtouren unternehmen: Alles keine Aktivitäten, die Sizilianern auf Anhieb einfallen, wenn sie an Freizeit denken.

Da die Berge hinter Cefalù vor allem für ihre Olivenplantagen und Ölmühlen bekannt sind, sind gerade hier die sogenannten Agriturismi wie die Pilze aus dem Boden geschossen. Ein Agriturismo ist die italienische Version von Ferien auf dem Bauernhof: Ein Bauernhof, eine alte Ölmühle oder ein Weingut vermietet einige Zimmer und verfügt über ein Restaurant, in dem nur Spezialitäten aus eigener Produktion angeboten werden. Längst konzentrieren sich viele Agriturismi hauptsächlich auf den Hotel- und Restaurantbetrieb, und wenn dort an einem Sonntag zweihundert Personen zum Mittagessen abgefertigt werden, drängt sich natürlich die Frage auf, was aus der Eigenproduktion und was aus dem nächstgelegenen Supermarkt stammt.

Die sonntägliche Fahrt zu einem Agriturismo ist das Frühjahrs- bzw. Herbstpendant zum sommerlichen Strandgang. Auch hier gilt die Maxime, in einer möglichst großen Gruppe zu reisen. Nach einer kurzen Besichtigungstour des Bauernhofs, der Ölmühle oder was auch immer hier einst betrieben wurde, läßt man sich zum Essen nieder – und wird sich im besten Fall nach drei Stunden wieder erheben. Aber egal, ob wirklich auch das letzte Stückchen Lammfleisch und die kleinste Olive aus der Eigenproduktion stammen, die Agriturismi haben die Tradition der sizilianischen Küche bewahrt, die in Touristenzentren wie Cefalù nicht immer zu finden ist. Wie will man dem Neckermann-Touristen auch erklären, daß selbstgebackenes Brot mit Salz und erstklassigem Olivenöl als Vorspeise »typischer« und zudem weitaus schmackhafter ist als der in den großen Hotels angebotene *cocktail di gamberi*, Tiefkühlkrabben, von einer rosafarbenen Mayonnaisesauce erschlagen?

Siziliens elegantester Ferienort ist unbestritten Taormina, die »Perle des Ionischen Meers« nördlich von Catania, die gern mit Positano oder Monte Carlo verglichen wird. Enge mittelalterliche Gäßchen, die sich an den Hang des Monte Tauro schmiegen, der Blick auf den oftmals schneebedeckten Ätna und elegante Luxushotels, von deren Terrassen man auf die wunderschöne Küste hinabschaut, sorgen für ein einzigartiges Flair.

Taorminas griechisches Theater ist nicht das größte Siziliens (diesen Rang darf das Amphitheater von Syrakus in Anspruch nehmen), aber das Panorama, das sich dem Zuschauer auf den harten Steinstufen bietet, ist vielleicht das spektakulärste überhaupt: unten Küste und tiefblaues Meer und in der Ferne der mächtige Gipfel des Ätna. Um von diesem Blick nicht abgelenkt zu werden, muß auf der Bühne schon einiges passieren...

Die perfekte touristische Infrastruktur und das große Angebot an Hotels, Restaurants, eleganten Läden und Diskotheken, haben dazu geführt, daß Taormina in der ganzen Welt genauso unvermeidlich mit Sizilien in Verbindung gebracht wird wie die Mafia. Die Liste illustrer Besucher, die hier flanierten, sich erholten, sahen und gesehen wurden, ist endlos: Guy de Maupassant, John Steinbeck, Oscar Wilde, Richard Wagner und Johannes Brahms, um nur einige zu nennen. D. H. Lawrence wurde hier zu seinem Meisterwerk ›Lady Chatterleys Liebhaber‹ inspiriert, denn das Vorbild für Constance Chatterley soll eine unverheiratete Engländerin gewesen sein, die in Taormina lebte und sich in einen sizilianischen Bauern verliebte, mit dem sie eine für das prüde katholische Sizilien der zwanziger Jahre sehr freizügige Affäre hatte.

Später war es das Jet-set des internationalen Films, das Taormina zu seinem Refugium auserkor: Unter anderem verbrachten hier Ingmar Bergman, Francis Ford Coppola, Elizabeth Taylor und Woody Allen ihre Ferien. Wer sich in eleganter Atmosphäre erholen will, ist gut aufgehoben – aber Sizilien ist nicht nur Taormina. Womöglich liegt das »wahre« Sizilien in dem beinahe unvereinbaren Widerspruch zwischen der abgrundtief häßlichen Petrolium-Stadt Gela an der Südküste der Insel, den trostlosen Mietskasernen von Palermos schlimmstem Stadtviertel Lo Zen und Taorminas lieblicher Schönheit und atemberaubender Küste. Wer all das gesehen hat, glaubt denen, die Sizilien als kleinen Kontinent bezeichnen.

Die malerische Küstenstraße von Taormina nach Catania führt über das kleine Fischerdorf Aci Trezza, in dem Luchino Visconti seinen Film ›Die Erde bebt‹ drehte. Ohne die Starbesetzung, mit der er in Bagheria Einzug hielt, um den ›Leopard‹ zu drehen, sondern mit Laienschauspielern aus dem Dorf.

Die wildromantische Zyklopenküste inspirierte lange vor ihm bereits Homer. Der erzählt von den schwarzen Basaltfelsen, die vor Aci Trezza aus dem Meer aufragen, daß der erzürnte Zyklop Polyphem sie aus den Flanken des Ätna riß und dem fliehenden Odysseus hinterherschleuderte, als der die Insel des Sonnengottes verließ, um in seine Heimat zurückzukehren.

Inselparadiese

Sizilien ist umgeben von einer ganzen Inselschar. Die haben allesamt klangvolle Namen und eins gemeinsam: Außer in den drei Monaten der Sommer-Hauptsaison findet man auf ihnen Ruhe, viel Mittelmeer-Natur und ursprüngliches sizilianisches Dorfleben. Im Nordwesten Siziliens vor der Hafenstadt Trapani liegen die drei Ägadischen Inseln Favignana, Marettimo und Levanzo, vor der Südküste die Pelagischen, nämlich Lampedusa, Linosa und das winzige Lampione, etwas weiter westlich die Vulkaninsel Pantelleria, 70 Kilometer nordwestlich vor Palermo liegt Ustica und im Nordosten vor Milazzo die größte Inselgruppe, die Liparischen Inseln, mit Lipari, Vulcano, Salina, Panarea, Alicudi, Filicudi und Stromboli.

Die Sommertouristen sind hauptsächlich Italiener auf

der Suche nach Sonne, Strand und Meer. Ausländische Touristen wünscht man sich zwar überall sehnsüchtig herbei, aber die scheitern häufig an der fehlenden Infrastruktur: Wann und wo erwischt man Fähren – vor allem außerhalb der Hauptsaison –, die Unterkünfte sind oft alles andere als TUI-tauglich, und Ausländisch spricht kaum einer: Ein Urlaubsziel für Individualtouristen, die eine Portion Entdeckergeist mitbringen – vielleicht all die, die zwar keine Lust auf Rucksacktouren durch den brasilianischen Regenwald haben, aber ebensogut auf drei Wochen Club-Urlaub verzichten können.

Lampedusa

Auf die südlichste der Pelagischen Inseln kommt man seit einiger Zeit nicht nur mit der Fähre von Porto Empedocle aus, sondern auch mit Billigflügen, die von Palermo und Catania starten. Erstens will man Touristen locken und zweitens den *lampedusani* das Leben erleichtern, die sich gerade in den Wintermonaten oft von der Welt vergessen fühlen, wenn sich die Fähren mal wieder nicht aufs Meer hinauswagen.

Auf dem kurzen Flug von Palermo nach Lampedusa wird schnell klar, wer Tourist ist und wer nach Hause fliegt. Kurz nach dem Start beginnen die *lampedusani* lautstark zu diskutierten, und die im Mai noch spärlichen Touristen hören staunend zu: eine Signora schildert empört das Schicksal einer alten Dame, die in Palermo operiert werden mußte und nicht zurück nach

Lampedusa kann, weil die kleinen Flugzeuge nicht auf Krankentransporte ausgerichtet sind. An sich schon schlimm genug, aber was die Signora wirklich erzürnt, ist die Tatsache, daß einige Tage zuvor die Guardia di Finanza (der Zoll) einen Hubschrauber zur Verfügung gestellt hat, um eine kranke Schildkröte zur Behandlung nach Palermo und wieder zurück nach Lampedusa zu bringen.

Der Stein des Anstoßes ist nicht zu übersehen und begrüßt Touristen wie Einheimische sofort nach Verlassen des Flughafengebäudes: »Willkommen auf Lampedusa – hier nisten Schildkröten!« Von dem riesigen Schild lächelt die niedliche Meeresschildkröte Caretta caretta herab. In drei Tagen Lampedusa sehen wir Hunderte von fröhlichen Schildkröten – als Souvenir aus Sandstein und bunt bemalter Keramik, als Aschenbecher in Bars und Restaurants, als Logo von Geschäften, Hotels und Campingplätzen und auf unzähligen Hinweistafeln – aber kein Original. Caretta caretta klettert nämlich nur im Frühsommer im Schutz der Nacht an Land, um ihre Eier im Boden zu vergraben, und kriecht eilig wieder zurück ins Meer. Die Kleinen schlüpfen allein aus und müssen schutzlos das Wasser erreichen. Wen wundert es bei diesem sorglosen Umgang mit dem Nachwuchs, daß die Gattung vom Aussterben bedroht ist?

Die meisten Touristen sind jedoch keine birkenstockbeschuhten Naturfreunde auf der Suche nach Caretta caretta, sondern passionierte Taucher. In den letzten Jahren wurde eine Tauchschule nach der anderen eröffnet, und Massimiliano, Besitzer der Tauchschule

»Blue dolphins«, seufzt, weil die Konkurrenz groß und die touristische Infrastruktur auf die wachsenden Besucherzahlen nicht ausgerichtet ist.

Das wird spätestens klar, als wir abends gemeinsam durch die Via Roma schlendern, die Hauptstraße des einzigen Dorfes auf der Insel, das der Einfachheit halber auch Lampedusa heißt. Hier liegt zwar unter herrlich blühenden Bougainvilleen ein Lokal neben dem anderen, aber dafür, daß noch längst nicht Hochsaison ist, ist es überall schon recht voll. Ein Lokal sticht aus der Menge der eher schlichten Kneipen, Restaurants und Bars hervor: das »Mediterraneo«, das im seit einiger Zeit in Italien beliebten Ethno-Stil eingerichtet ist.

Die Besitzerin bedient selbst, eine kleine lebhafte Frau mit unverkennbar norditalienischem Akzent. Schon bald erzählt sie uns, daß sie ihr Lokal erst im vergangenen Jahr eröffnet hat – nachdem sie im nebligen Brescia alles aufgegeben und sich ihren Traum von Lampedusa erfüllt hat. Unter den Leuten am Nachbartisch kommt mir ein Gesicht bekannt vor – allerdings erfüllt das wettergegerbte, braungebrannte Gesicht des riesigen, ganz in rot gekleideten Mannes mit den unzähligen Goldkettchen jedes landläufige Klischee vom sizilianischen Fischer. Massimiliano lacht, als er meinen neugierigen Blick sieht und erzählt, daß der Film ›Lampedusa‹ Pasquales Gesicht bekanntgemacht hat. Darin hatte er eine wichtige Nebenrolle als Halbverrückter, der eine Art Hundeasyl bewacht. Pasquale ist zwar kein Fischer, repariert jedoch die traditionellen bunten Fischerboote aus Holz.

Der Film ›Lampedusa‹, der 2002 in Cannes prämiert wurde, war in Deutschland sogar so erfolgreich, daß ein größerer Reiseveranstalter eine Vorhut nach Lampedusa entsandte, um das Potential der Insel für den deutschen Pauschaltourismus auszuloten – was daraus geworden ist, weiß keiner so genau. Kaum zu glauben, daß man die rauhe Poesie des Films in fröhliche Urlaubsgesichter und viel Geld für Neckermann & Co. verwandeln kann, denn Lampedusa ist eine Insel für Individualisten, die tauchen wollen oder sich vom spröden Charme der Insel verzaubern lassen: karg und beinahe wüst mit viel Steilküste und atemberaubenden Ausblicken auf das kristallklare Meer. In der gleißenden Mai-Sonne sieht es hier auch eher nach Tunesien als nach Italien aus, dessen südlichste Bastion Lampedusa ist. Und wirklich ist man schneller an der nordafrikanischen Küste (113 km) als auf Sizilien (195 km), und geologisch betrachtet ist die Kalksteininsel Teil der afrikanischen Landmasse.

Die Nähe zu Afrika hat Lampedusa seit Anfang der neunziger Jahre zu traurigem Ruhm verholfen: Unzählige Flüchtlingsschiffe landen hier in den Sommermonaten, und die seitdem entstandenen Militärzonen nehmen sich auf der winzigen Insel wie die gigantische Kulisse eines Science-fiction-Films aus. Immer wieder sieht man in der Presse Bilder von vollkommen überladenen Booten, auf denen man sich vernünftigerweise keine zwei Meter vom Strand wegwagen würde. Gerade in der Hochsaison versucht man, diese Dramen von den Touristen – dem einzigen Kapital der Insel – fernzuhalten.

Ich treffe Elio Desideri, der früher Polizeikommandant war und die Ankunft des ersten Flüchtlingsschiffs 1992 erlebt hat, in seinem kleinen Büro in einer ruhigen Seitenstraße des Dorfes Lampedusa. Er erinnert sich, daß man damals vollkommen ratlos war, wie man mit den Flüchtlingen umgehen sollte. Anfangs zeigte sich die Bevölkerung sehr solidarisch und versuchte, den Flüchtlingen zu helfen, aber schon bald kamen immer mehr Boote an. In teils desolatem Zustand irrten sie ohne einen kundigen Bootsführer oftmals tagelang auf dem offenen Meer umher. Schon bald richtete man das euphemistisch *centro di accoglienza*, Aufnahmezentrum, genannte Internierungslager auf dem abgesperrten Flughafengelände ein und unterband den Kontakt der Ankömmlinge zur Bevölkerung.

Inzwischen hat sich Elio pensionieren lassen und arbeitet als Photograph und Journalist – aufgrund seiner Beziehungen ist er der erste, der von einer bevorstehenden Landung erfährt. Für die Überfahrt bezahlen die Flüchtlinge rund 1900 Dollar – eine Summe, für die eine Familie in Somalia oftmals ihr Haus verkaufen muß. Aber sie tut es, um einen Sohn nach Europa schikken zu können. Ob man denn hoffe, über Lampedusa unbemerkt nach Italien gelangen zu können, frage ich Elio. Er sagt traurig, daß das beinahe unmöglich ist: Die Boote können praktisch nur im Hafen des Dorfes Lampedusa anlegen, weil die Insel ansonsten fast nur Steilküsten hat. Gelegentlich gelingt zwar eine Landung am einzigen Sandstrand der Insel, aber wo sollten sich die Flüchtlinge auf der Insel verstecken? Um nach Sizilien zu gelangen, muß man ein Fähr- oder Flugticket kaufen – beides ist nur mit europäischem Paß möglich. Das ist inzwischen bekannt, aber trotzdem hofft man darauf, Asyl beantragen und bleiben zu dürfen. Elio erzählt, daß er einige Flüchtlinge bereits fünfmal hat ankommen sehen. Jedesmal wurden sie mit italienischen Chartermaschinen zurückgeschickt. Kinder und Frauen sowie Kranke oder Verletzte haben größere Chancen: Aus dem Krankenhaus gelingt manchem die Flucht.

Elio, der inzwischen ein Archiv mit mehr als zehntausend Fotos hat, will das menschliche Antlitz der *clandestini*, der illegalen Einwanderer, zeigen, die in der Hoffnung auf ein besseres Leben auf Lampedusa landen. Viele italienische und internationale Zeitungen haben seine Bilder abgedruckt – aber immer die spektakulären von kleinen Booten mit Hunderten von Menschen oder den Opfern, die die Reise nicht überlebt haben. Auf einem Foto sieht man, wie die Abendsonne den malerischen Hafen von Lampedusa in ein unwirklich schönes Licht taucht. Im Vordergrund ein Boot, auf dem sich beängstigend viele Flüchtlinge aneinanderdrängen. Im Hintergrund kehrt ein Touristenboot von einer Tauchexkursion zurück. Dort nimmt man die Flüchtlinge offenbar nicht wahr: Lampedusa ist – typisch sizilianisch – eine Insel der Widersprüche. Die Touristen, die während der Sommermonate das kristallklare Meer genießen, bemerken häufig nichts von den Dramen, die sich ein paar Meter weiter abspielen.

Die Geschichte der Insel, die meistens abseits des großen politischen Geschehens lag, wurde von jeher von

PIPER. BÜCHER, ÜBER DIE MAN SPRICHT.
Vohin Sie auch reisen,
nit diesen Büchern
sind Sie schon dort.
PIPER

»Das sind Perlen des Reis

solchen Widersprüchen geprägt: Nach einer Vergangenheit als griechische und römische Kolonie in der Antike blieb Lampedusa jahrhundertelang unbewohnt, bis man erneut seine strategisch günstige Lage erkannte und zu Geld machte. 1667 erbte die Familie Tomasi die Pelagische Inselgruppe und durfte sich fortan mit dem Titel »Principi di Lampedusa« – Fürsten von Lampedusa – schmücken. Als man in finanzielle Schwierigkeiten geriet, verkaufte Fürstin Carolina die Insel.

Sie landete einen Coup, als sie das wertlose Stück Land, auf dem lediglich ein paar Malteser wohnten, Queen Victoria anbot. König Ferdinand II. von Neapel (der auch über Sizilien herrschte) erschreckte der Gedanke einer englischen Präsenz so nahe der eigenen Küste dermaßen, daß er die Insel für zwölftausend Dukaten schnell selbst kaufte. Carolinas Sohn Giulio investierte diesen unverhofften Geldsegen jedoch nicht gewinnbringend, sondern kaufte davon einen eleganten Stadtpalast in Palermo. Dort wohnte im zwanzigsten Jahrhundert sein Nachfahr Giuseppe Tomasi di Lampedusa, der ihm mit der Figur des Don Fabrizio in seinem Roman ›Der Gattopardo‹* ein Denkmal setzte.

Neben ein paar historischen Anekdoten und beeindruckenden Tauchgründen hat Lampedusa auch einen richtigen Traumstrand zu bieten. Um zu der wunderschönen Bucht mit Sandstrand zu gelangen, muß man

* 2004 erschienene Neuübersetzung des unter dem Titel ›Der Leopard‹ berühmt gewordenen Romans von Giuseppe Tomasi di Lampedusa

gut zwanzig Minuten einen schmalen Pfad durch die Felsen hinabsteigen, was jedoch selbst italienische Touristen auf sich nehmen, weil der Sand wirklich strahlend weiß, das Wasser kristallklar und der kleine Felsen namens Kanincheninsel, *isola dei conigli*, der vor der Bucht im Meer liegt, malerisch schön ist. Das einzige Haus weit und breit ist eine elegante Villa mit gepflegtem Garten, die bis zu dessen Tod das Refugium des Sängers Domenico Modugno war. Dessen Hit ›Volare‹ wird Generationen von deutschen Touristen ein Leben lang an den ersten Rimini-Urlaub erinnern. Bereits an einem Samstag im Mai ist der Strand ausgelastet, und man ahnt, daß im August jeder Millimeter Handtuchfläche erkämpft werden will.

In der Nachmittagshitze sind die Straßen des Dorfes Lampedusa wie ausgestorben. Nur ein alter Mann verkauft an einem kleinen Stand Oliven, Kapern und getrocknete Tomaten – ein Anblick, der jedes Touristenherz höher schlagen läßt. Handgetrocknet auf der Insel Pantelleria, versichert der alte Mann, der trotz beachtlicher Temperatur einen dunkelbraunen Wollpullover trägt – sein Angebot ist also keine industriell getrocknete Massenware aus Tunesien. In mir formt sich eine eher blasse Vorstellung von Tomatendörrfabriken, und ich bezweifle, daß ich den Unterschied schmecken würde, bin aber über dieses originale Produkt hocherfreut und bitte um ein kleines Beutelchen. Keine Chance – die werden pro Kilo verkauft. Das ist sicher eine der goldenen Regeln für den Umgang mit Touristen, die seinen Verdienst sichern, aber man will nicht kleinlich sein. Auf die Frage, welche Produkte denn von Lampedusa stammen, schnaubt er verächtlich – in dieser Einöde wächst doch nichts.

Während der alte Mann eifrig Unmengen von getrockneten Tomaten in einen Plastikbeutel stopft, erzählt er, daß er aus Villabate stammt, einem recht trostlosen Dorf in der Nähe von Palermo. Im Winter verkauft er seine Oliven in Palermo, im Sommer versorgt er Lampedusas Touristen mit getrockneten Tomaten, Kapern und Oliven. Als wir am Abend zurückfliegen, winkt er mir im Flughafengebäude fröhlich zu: Er muß für Nachschub sorgen, die Geschäfte gehen gut. Noch vor der Landung in Palermo spricht sich im Flugzeug herum, daß die kranke Signora inzwischen irgendwie zurück nach Lampedusa geschafft wurde. Immerhin stehen Wahlen an, und bei den Einheimischen dürfte der Transport einer verletzten Schildkröte kaum Wahlkampfwirkung haben.

Pantelleria

Schon der Anflug auf Pantelleria ist ein Erlebnis: Da der Flughafen auf einer der Hochebenen der bergigen Insel liegt, ist die Landebahn abenteuerlich kurz und eine abrupte Landung nicht auszuschließen. Entschädigt wird man durch den ersten atemberaubenden Blick auf Pantelleria, die »schwarze Perle des Mittelmeers«, wie die Vulkaninsel mit ihrer üppigen Vegetation in der Antike genannt wurde. Bereits auf dem Flughafen ist

Zeitgeschichte zu besichtigen, denn Mussolini hatte die Insel im Zweiten Weltkrieg als Luft- und Flottenstützpunkt ausbauen lassen.

Pantelleria wurde deshalb auch das erste Ziel der alliierten Invasion und bekam im Laufe der vierwöchigen Bombardierung im Frühsommer 1943 mehr Bomben ab als Dresden. Die Bunker, in denen sich die Bevölkerung schützte, sind auch heute noch überall auf der Insel zu sehen, ebenso Mussolinis Flakstationen. Gut 2000 Jahre zuvor hatten hier nicht weniger erbitterte Kämpfe stattgefunden – damals zwischen den Weltmächten Rom und Karthago.

Im Gegensatz zu Lampedusa hat Pantelleria eine lange und wechselhafte Geschichte. Die westlichste und größte Insel Siziliens war schon immer äußerst fruchtbar und zog die Völker des Mittelmeerraumes magisch an. Davon zeugen die unzähligen Namen der Insel, die heute für Hotels, Restaurants und touristische Attraktionen aller Art herhalten müssen: Die Phönizier nannten sie Yrnm, was soviel wie flügelschlagender Vogel bedeutet und vielleicht an die Zugvögel erinnert, die auch heute noch hier Station machen. Die Griechen nannten sie Kosyras, die Kleine, woraus die Römer Cossura machten, und die Byzantiner, die im sechsten Jahrhundert nach Christus die Insel eroberten, gaben ihr den Namen Pantalarea, was soviel wie Teller oder Pfanne bedeutet.

Die deutlichsten Spuren hinterließen die Araber, die bis 1200 über die Insel herrschten. Sie nannten sie unter anderem Bent el-Rhia, Tochter des Windes, und die

Stürme, die vor allem in den Wintermonaten unerbittlich über die Insel fegen, bestimmen auch heute noch das Leben ihrer Bewohner. Die arabischen Ortsnamen sind nicht italianisiert worden, und wenn man durch Dörfer namens Gadir (Quelle), Khamma (heiße Quelle) und Mueggen (Zisterne) fährt, glaubt man kaum, noch in Italien zu sein.

Schon längst liegt Pantelleria nicht mehr strategisch günstig, sondern eher vergessen am Rande Europas im Mittelmeer. Vielleicht gerade deshalb hat der internationale Jet-set die Insel zu seinem Refugium gemacht. Der Werbe- und Modefotograph Fabrizio Ferri, der sich für die einsame Insel mit ihrem Licht und den unglaublichen Farben begeisterte, holte viele VIPs her und photographiert seine Models am liebsten auf Pantelleria. Hoch über der Küste bei Monastero liegt versteckt ein Luxus-Ressort, in dem Ferris Gäste logieren.

Giorgio Armani hingegen besitzt oberhalb von Gadir eine wunderbare Villa mit Privatstrand und eigens aus Tunesien angelieferten Palmen, da ihm die auf Pantelleria heimische Sorte nicht hoch genug wuchs. Das riesige Anwesen zieht sich über den ganzen Hang bis hinunter zum Meer, ist von einer hohen Mauer aus Lavagestein umgeben, und man muß bestimmte Winkel auf der Straße von Gadir hoch nach Khamma abpassen, um einen Blick darauf erhaschen zu können. Nichts in dem kleinen Hafendörfchen Gadir mit seinen drittklassigen Pensionen, zu Imbißbuden umfunktionierten Lastwagen und ein paar Fischerbooten, die träge auf den Wellen schaukeln, läßt auf den illustren Nachbarn schließen.

Gérard Dépardieu hat in der Nähe des Dörfchens Tracino gemeinsam mit seiner Lebensgefährtin Carol Bouquet ein Weingut gekauft und baut dort seinen eigenen Likörwein namens »Passito di Carol« und den Muskatwein »Sanguedoro«, goldenes Blut, an. Auch Madonna kommt angeblich gern nach Pantelleria, und immer wieder tauchen auf der Homepage der Insel dubiose Schnappschüsse auf, die als Beweis des letzten Besuchs dienen sollen.

Wer zu den Schönen und Reichen gehört, stört sich nicht an der dürftigen Infrastruktur, denn die legendären Privatpartys in »geschlossener Gesellschaft« bei Armani & Co sorgen für Abwechslung. Chauffeure lassen vergessen, daß es auf der Insel mit ihren etwa siebentausend Einwohnern nur ein Taxi gibt, eine Art Bulli von zweifelhaftem Rostrot, auf den nicht unbedingt Verlaß ist – nicht zuletzt, weil vor allem kleinere Sträßchen außerhalb des Hauptorts Pantelleria zwar Namen, aber keine Hausnummern haben.

Diejenigen, die nicht zu dem erlauchten Kreis um Designer, Schauspieler und Photographen gehören, buchen entweder ein Zimmer in den hauptsächlich einfachen Hotels, die größtenteils aus den siebziger Jahren stammen, oder mieten ein Dammuso. Diese entweder echten oder nachgemachten arabischen Vorratshäuser aus dunklem Vulkanstein mit ihren weißen Kuppeldächern prägen das Bild der Insel und sind in allen Varianten – von der Luxusvilla bis zur einfachen Unterkunft – zu haben.

Wir wohnen im ältesten Hotel Pantellerias, »Errera«,

das seit seiner Erbauung 1958 keinen Eimer Farbe mehr gesehen und den Charme eines FDJ-Erholungsheims hat. Sein Besitzer, Signor Errera, ein reizender älterer Herr mit schlohweißem Haar, handelt außerdem mit Wein und führt direkt neben seinem Hotel ein Restaurant gleichen Namens, das für sein hervorragendes Fisch-Couscous berühmt ist. Dort serviert Signor Errera selbst, und nachdem er die dampfenden Couscous-Teller auf unserem Tisch abgestellt hat, schaut er ein wenig resigniert auf die schwarze Lavaküste vor dem Fenster. Neben der Infrastruktur, die Touristen ein Mindestmaß an Flexibilität abverlangt, können sich vor allem ausländische Urlauber häufig nicht mit der Felsküste anfreunden, erzählt er. Italienische Touristen sind da flexibler, klettern über die pechschwarzen Felsen ins Wasser und finden überall ein Fleckchen für ihr Badetuch.

Beliebt bei allen Touristen sind die Bootsrundfahrten, die auf Pantelleria nach dem all-inclusive-Prinzip funktionieren: den ganzen Tag unterwegs zu den schönsten Badebuchten, mittags gegrillter Fisch an Bord, dazu von früh bis spät Musik und Animation. Am lautstärksten wirbt »Fischer Franco«, ein Riese mit blondierter Lokkenpracht, der sicher im Leben noch keinen Fisch gefangen hat, für seine Touren, und wenn man an der Küste entlangfährt, wehen in regelmäßigen Abständen die Fetzen seiner Musik an Land.

Da mieten wir lieber ein Mofa und erkunden am nächsten Tag die Insel. Neben dem intensiven Grün der Weinberge, Palmen und Pinien und dem Schwarz der

Lavafelsen stechen das Violett der blühenden Bougainvilleen und das Pink und Weiß der üppigen Oleanderbüsche ins Auge. Im September kommt das Orange und Gelb der unzähligen Feigenkakteen dazu, deren Früchte dann reif sind. Pantelleria ist im Gegensatz zu Lampedusa ein Farbenmeer, und man kann sich gar nicht satt sehen an der Pracht dieser fruchtbaren Insel, deren Bewohner nicht vom Fischfang, sondern schon immer von dem reichhaltigen Vulkanboden lebten.

Bereits die Phönizier brachten angeblich die heute Zibbibo genannte Traube auf die Insel und weihten den daraus gekelterten Wein ihrer Göttin Tanit, die einem uralten Mythos zufolge damit Apoll verführt haben soll. Auch heute noch wird auf Pantelleria fast ausschließlich diese Traube angebaut – und zwar in den fruchtbaren Vulkansenken, in denen sich die nächtliche Feuchtigkeit sammelt. Die reifen Trauben haben eine so hohe Qualität, daß man sie auch als Tafeltrauben verwendet. Der Moscato wird aus frischen Trauben gewonnen, der stärkere Passito hingegen aus den Trauben, die nach der Lese auf Steinen in der Sonne reifen.

Bekannt ist Pantelleria außerdem für den Kapernanbau. Überall wuchern hier Kapernpflanzen, deren Blätter bereits den typischen Geruch verbreiten. Zwar regnet es auf Pantelleria selten, aber die Luftfeuchtigkeit ist so hoch, daß vor allem Sukkulenten wie Kakteen oder Kapernpflanzen prächtig gedeihen.

Auf dem Weg zur Montagna Grande, einem Naturschutzgebiet, in dem es einsame Wanderwege gibt (die unberührt, einsam und ursprünglich sind, weil man vor allem in Süditalien nicht besonders gern wandert), machen wir in dem kleinen Dorf Sibà Halt, um Wasser zu kaufen. Der einzige Tante-Emma-Laden ist um halb vier nachmittags noch geschlossen, und wir kommen bald mit einem alten Mann ins Gespräch, der offensichtlich auch sehnsüchtig darauf wartet, daß der Laden öffnet. Sein Akzent verrät, daß er aus Norditalien stammt, aber an der Vertrautheit, mit der er die Dorfbewohner grüßt, wird schnell deutlich, daß Pantelleria nicht erst seit kurzem seine Wahlheimat ist.

Seine Geschichte erzählt er gern: In den sechziger Jahren war er, gebürtiger Genueser, professioneller Fußballspieler in Mazara del Vallo im Südosten Siziliens. Er hatte so viel von der Schönheit Pantellerias gehört, daß er sich irgendwann mit seinem Porsche auf den Weg nach Trapani machte, um dort die Fähre nach Pantelleria zu nehmen. Im Hafen lachte man ihn aus – auf der Insel gab es damals noch kaum asphaltierte Straßen, und man ging besser zu Fuß als sich in einem Auto, und noch dazu in so einem, fortzubewegen. Nachdem er ohne Auto auf Pantelleria ankam, faszinierte ihn gerade die Ursprünglichkeit der Insel so sehr, daß er alles aufgab, um sich ein kleines Haus auf Pantelleria zu kaufen. Das ist inzwischen über dreißig Jahre her, aber bereut hat er seinen Entschluß nie.

Pantellerias Highlight ist sicher der berühmte See »Specchio di Venere«, der Spiegel der Venus, der kreisrund inmitten von grünen Hügeln liegt. Was von fern wie schneeweißer Sand aussieht, entpuppt sich aus der Nähe als weißer Lehm, der in der Sonne steinhart wird.

Das Thermalwasser, das an manchen Stellen mit bis zu 56 Grad aus der Erde kommt, sieht türkisblau und einladend aus. Als wir ins Wasser gehen, merken wir, warum sich nur wenige in den See wagen: bis zum Schienbein versinkt man in dem hellen Schlamm, dem zwar heilende Kräfte zugesprochen werden, der es Badenden aber nicht leichtmacht, in Regionen vorzudringen, in denen man schwimmen kann.

Abends essen wir noch einmal Couscous bei Signor Errera. Er klagt darüber, daß seit zwei Jahren deutlich weniger Touristen nach Pantelleria kommen. Der alte Herr führt das auf den politischen Super-Gau vom September 2002 zurück, als eine Polizeieinheit D-day-mäßig auf Pantelleria landete und Bürgermeister und Verwaltungsobere allesamt wegen Mafiaverbindungen verhaftete. Anscheinend hatten die Inselherren gemeinsame Sache mit der ehrenwerten Gesellschaft von Trapani gemacht und im großen Stil Schutzgelder eingetrieben. Seitdem wird die Insel kommissarisch regiert, denn nach einem der unzähligen Antimafiagesetze muß eine gewisse Zeitspanne verstreichen, bevor Neuwahlen möglich sind. Erst die negativen Schlagzeilen und jetzt eine Übergangsregierung, die alles liegen läßt: keine gute Werbung für die Insel.

Spätestens im November kümmert das keinen mehr. Dann haben die letzten Touristen die Insel verlassen, und die *panteschi* müssen mit der rauhen Natur, dem Meer und den Sturmwinden allein zurechtkommen.

Favignana und die Mattanza

Jedes Jahr im Juni ist es soweit: Favignana, die größte Ägadische Insel, wird zur Kulisse eines archaischen Rituals, das Touristen anzieht und in den Lokalmedien mit äußerster Aufmerksamkeit verfolgt wird: die Mattanza, das traditionelle Thunfischschlachten. Kurz bevor der Sommer beginnt und die Hitze unerträglich wird, erreicht der Zug der Thunfische Sizilien. In großen Schwärmen ziehen sie durch die Meerenge zwischen Trapani am Nordwestzipfel Siziliens und der Insel Favignana und schwimmen den *tonnaroti*, den Thunfischfängern, direkt in die Reusen. Schwammen, muß man inzwischen sagen, denn schon 2003 ließen sich nur wenige blicken, und 2004 blieben die ersehnten Schwärme beinahe ganz aus. Die wenigen Thunfische, die gesichtet wurden, kauften sehr zum Ärger von Protagonisten und Komparsen dieses Touristenschauspiels die Japaner, und die Mattanza fiel aus. Bevor die Beute abhanden kam, wurden die Thunfische in eine riesige Reuse namens Todeskammer geleitet, mit vereinten Kräften der *tonnaroti* unter traditionellem Gesang ins Boot gehievt und dort abgeschlachtet, wobei sich das Wasser vom Blut der Tiere immer röter färbt.

Die *tonnaroti* sind eine besondere Spezies: durchweg pittoreske Männer mit wettergegerbten Gesichtern, die alle Klischees vom Jäger und Fischer gleichzeitig zu bedienen scheinen. Der bekannteste *tonnaroto* Favignanas war lange Jahre »El Rais«, ein blonder Riese, der in dem Ruf stand, sämtliche Touristinnen verführt – oder es zumindest versucht – zu haben.

Für Favignana ist das Ausbleiben der Thunfische eine Katastrophe, denn damit bleiben auch die Zuschauer aus, die sich für das archaische Ritual begeistern. Schon überlegt man, ob man nicht eine Art Mattanza-Show einführen könnte. Die würde touristenfreundlich in Strandnähe stattfinden und wäre leichter zu beobachten.

Den frischen Thunfisch, den man sowohl in Trapani als auch in allen anderen Küstenorten Siziliens bei den Fischhändlern bekommt, hat sowieso kein grausames Mattanza-Schicksal ereilt. Von den einstmals achtzig *tonnaras*, den uralten Gebäuden, die gedrungen wie Trutzburgen übers Meer blicken und in denen der Thunfisch nach der Mattanza verarbeitet wurde, sind nur noch zwei übriggeblieben. Alle anderen wurden zu Hotels oder Restaurants umfunktioniert oder stehen verlassen und malerisch am Meer.

Geblieben ist die stolze *tonnara* der Familie Florio, in der der Thunfisch zu unzähligen Produkten weiterverarbeitet wurde. Ignazio Florio kaufte 1874 kurzerhand die Ägadischen Inseln auf und schuf eine damals einzigartige Nahrungsmittelindustrie. Die geniale Idee der Florios war die Konservierung des wertvollen Thunfischs in Öl. Thunfisch ist dabei nicht gleich Thunfisch – es gibt fünfundzwanzig verschiedene Qualitäten und Teile, die in Öl eingelegt verkauft werden, außerdem Thunfischrogen, Thunfischsamen (der gekocht und in Salz eingelegt wird), Thunfischsalami und geräucherter Thunfisch.

Längst findet aber auch auf Favignana die Verarbeitung nicht mehr in der *tonnara* statt. Die soll demnächst ein Kulturzentrum mit Ausstellungen über die Mattanza und die Familie Florio sowie Konferenzräumen, Bars, Cafés, Restaurants und einem Theater werden. Gefördert wird das Projekt von der EU, und alle Pläne und Konzepte zeigen deutlich, daß man keine kleinen Brötchen backen will. Denn die Mattanza und die geschichtsträchtige *tonnara* der Familie Florio sind das einzige Tourismuskapital von Favignana, abgesehen vom kristallklaren Meer und den vielen Grotten, die man per Boot besichtigen kann – aber die findet man auch auf den beiden Nachbarinseln Marettimo und Levanzo.

Eine ähnlich leise Melancholie wie über der verlassenen *tonnara* der Florios auf Favignana liegt über den weitläufigen Salinen mit den verlassenen Windmühlen an der Küste zwischen Trapani und Marsala. Beinahe scheint es ein Industriemuseum zu sein: weitläufige Meereswasserbecken, aus denen Salz gewonnen wird, das einstmals in den unzähligen Mühlen mit Windkraft gemahlen wurde, jetzt aber industriell verarbeitet wird.

Wenn man sich auf den engen Pfaden in dieses Gebiet hineinwagt, kann man die erstaunlichsten Vögel beobachten, die hier ungestört leben – Kraniche, Flamingos und Stelzenläufer. Im kleinen »Museo delle Saline« in einer der historischen Windmühlen ein wenig südlich von Trapani sind einige Werkzeuge und verblichene Fotos von der historischen Salzgewinnung zu sehen.

Außerdem wird auch hier Thunfisch in allen Varianten feilgeboten, dazu Mandelwein aus Trapani und ein wenig Salz aus den modernen Salinen. Fährt man weiter am Meer entlang, vorbei an der kleinen Insel Mozia, auf der vor langer Zeit die Phönizier siedelten, gelangt man zu den besser erhaltenen Salinen von Marsala. Die hohen Salzberge werden hier mit einer Art Dachziegel abgedeckt, damit das Salz schneller trocknet, bevor die groben Kristalle gemahlen werden. Die Windmühlen aus gelblichem Sandstein mit den roten, spitzen Dächern bilden einen schönen Kontrast zu dem blendenden Weiß der Salzberge und dem blauen Meer und dienen als Motiv für jeden Sizilien-Reiseführer. Und wenn man Glück hat, sieht man im Hintergrund die drei Ägadischen Inseln, Favignana, Marettimo und Levanzo, die bei klarem Wetter zum Greifen nah scheinen.

Stromboli

Der Archipel der Liparischen Inseln mit seinen sieben bewohnten und zehn unbewohnten Inseln ist der größte Siziliens und die Heimat des griechischen Gottes Äol. Der antike Beherrscher der Winde wurde auf Vulcano geboren und lebte auf Stromboli – der mythischen Insel Aiolia. Auf seinen Irrfahrten erreichte Odysseus das sagenhafte Eiland und wurde von Äol freundlich aufgenommen, der ihm zum Abschied einen Sack schenkte, in dem widrige Winde eingeschlossen waren. Kurz vor der Ankunft in der Heimat öffneten Odysseus'

Gefährten heimlich den mysteriösen Ledersack, in dem sie Gold vermuteten. Dabei wurden gefährliche Sturmwinde entfesselt, die das Schiff zurück zur Insel des Windgottes trieben. Der zürnte dem undankbaren Gast und wies ihn ab, als Odysseus erneut um Hilfe bat.

Sturmwinde beherrschen auch heute noch vor allem in den Wintermonaten die Liparischen Inseln, die zum Andenken an den antiken Herrscher auch die Äolischen genannt werden. Dann hat Äol seine Heimat fest im Griff, und jeder Versuch einer Annäherung wird zum Abenteuer. Lipari, die größte und Sizilien nächstgelegene Insel, sowie Vulcano erreicht man auch von November bis März meistens, wer jedoch nach Salina oder gar nach Stromboli will, muß Glück haben.

Wie ein Kegel ragt der Stromboli, der aktivste Vulkan Europas, aus dem Meer. Der sogenannte Leuchtturm des Mittelmeers bricht immerhin vier- bis sechsmal pro Stunde aus, und Stromboli ist ein Zauberwort für all die, die irgendwann einmal Jules Verne gelesen haben: »Die Reise zum Mittelpunkt der Erde« führt Professor Lidenbrock und seinen Neffen Axel nämlich genau hierher, denn der kleine Vulkan Stromboli spuckt sie nach vielen Abenteuern auf der winzigen Insel aus. Die beiden Hamburger haben keine Ahnung, wo sie sich befinden, und den Hirtenjungen, der hier seine Schafe hütet, verstehen sie nicht – bis der immer wieder »Stromboli, Stromboli« ruft.

Die kleine Vulkaninsel mit ihren vierhundert Einwohnern ist die am weitesten von Sizilien entfernte des gesamten Archipels, aber als wir an einem klaren

Novembermorgen gegen sechs Uhr dreißig in Milazzo ankommen, der kleinen Hafenstadt im Nordwesten Siziliens, in deren Hafen die Fähren und Tragflächenboote abfahren, sind wir guter Dinge: Das Meer sieht ruhig aus und der Himmel nicht zu bewölkt, also müßte eine der beiden Fähren nach Stromboli fahren. Schon bald hören wir zu unserer Verwunderung, daß eins der Schiffe heute sicher nicht fährt. Widrige Winde, brummt der Mann am Schalter und schaut uns fragend an – was wollen wir eigentlich im November auf Stromboli? Bleibt nur noch Plan B – um Viertel nach sieben fährt das Tragflächenboot der anderen Gesellschaft, das sich von Lipari über Vulcano, Salina und Panarea bis nach Stromboli durchkämpfen will.

Vor dem Büro der Fährgesellschaft stehen schon ein paar Männer, die angeregt über die Wetterlage diskutieren – offenbar Einheimische, die zurück nach Vulcano, Salina und Stromboli wollen. Als auch dieser Verkaufsschalter geöffnet wird, macht man uns wenig Hoffnung: Ja, das Tragflächenboot fährt ab, soviel ist sicher – aber wie weit es kommt, kann keiner sagen. Ob wir nicht lieber nach Lipari oder Vulcano fahren wollen? Auch Salina sei heute eine sichere Bank, nur bei Stromboli, da wisse man nicht so genau. Schließlich kommt der Kapitän höchstpersönlich, schaut uns prüfend an und erklärt, daß man es natürlich versuchen will, der Hafen von Stromboli aber schwierig anzusteuern und bei widrigen Winden praktisch unzugänglich sei.

Wir wagen es und gehen auf das Tragflächenboot. Mit uns lassen sich neben den Einheimischen ein paar

Rucksacktouristen auf das Abenteuer ein. Schon ab Vulcano leert sich das Schiff, nur wenige wollen weiter nach Salina, Panarea und Stromboli. Im Hafen von Salina kommt der Kapitän zu uns und erklärt, er könne nur versuchen, Stromboli zu erreichen, wisse aber nicht, ob das gelinge und falls ja, ob sich die Wettersituation verschlechtere und am Spätnachmittag beziehungsweise am nächsten Tag ein Tragflächenboot zurückfahre. Ob wir nicht doch lieber Salina besichtigen wollen? Den Blick auf Stromboli habe man ja. Für diesmal geben wir auf, gehen auf Salina an Land und genießen Stromboli aus der Ferne.

Der kleine Stromboli ist deshalb so aktiv, weil er wie die anderen Äolischen Inseln genau über einer sogenannten Subduktionslinie liegt. Hier schiebt sich die afrikanische Festlandplatte unter die eurasische und sorgt dabei für vulkanische Aktivität. Die regelmäßigen kleinen Ausbrüche gefährden weder die Insel noch ihre Bewohner, aber es gab Zeiten, in denen der Vulkan weniger zahm war. Beim schwersten Ausbruch seit siebzehn Jahren mußte 2003 die gesamte Insel evakuiert werden, denn nach einer heftigen Explosion stürzten etwa acht Millionen Kubikmeter Lavagestein ins Meer. Die Steinmassen lösten eine riesige Flutwelle aus, die eine der kleinen Ortschaften auf der Insel vollkommen verwüstete. Inzwischen hat sich der Stromboli wieder beruhigt, und mit einem ortskundigen Führer kann man ihn nachts besteigen, um die glühende Lava zu bestaunen. Wenn es erst einmal gelungen ist, die Insel zu erreichen.

An diesem Tag fahren wir unverrichteter Dinge von Salina zurück nach Milazzo. Am nächsten Tag werden dann wirklich weder Fähre noch Tragflächenboot Stromboli erreichen, wie wir später erfahren – die Sturmwinde haben das Meer aufgewühlt, und bei Salina ist endgültig Schluß.

Beim nächsten Mal haben wir mehr Glück, und Wind und Meer erlauben einen erfolgreichen Landgang. Wir wollen die Orte sehen, an denen sich Ingrid Bergman bei den Dreharbeiten zu ›Stromboli‹ unsterblich in Roberto Rossellini verliebte, während Rossellinis Geliebte und Fast-Ehefrau Anna Magnani auf der Nachbarinsel Vulcano wütend einen Gegenfilm drehte.

Ingrid Bergman und Roberto Rossellini drehten ihren Film natürlich im Sommer und hatten mit den Sturmwinden nicht zu kämpfen. Dafür aber mit unzähligen anderen Widrigkeiten: Immerhin war Rossellini mit der berühmten italienischen Schauspielerin Anna Magnani liiert, als er mit Ingrid Bergman ›Stromboli‹ drehte, die ihrerseits Mann und Kinder in den USA hatte. Anna Magnani war empört, daß Rossellini sie nicht mehr als Hauptdarstellerin haben wollte, nachdem er einen Brief von Ingrid Bergman erhalten hatte, in dem sie ihm zu seinem Meisterwerk ›Rom, offene Stadt‹ von 1946 gratulierte und sich schüchtern dafür entschuldigte, daß sie auf englisch schrieb – sie kenne leider nur zwei italienische Worte: *ti amo*.

Rossellini ist begeistert von der Idee, mit einem Hollywood-Star zu drehen, und schon bald berichtet die Regenbogenpresse über ein neues Liebespaar, Rossellini verläßt Anna Magnani, die Bergman ihre Familie, und Rossellini schreibt das Drehbuch zu ›Stromboli‹. Das mit einer sizilianischen Produktionsfirma geplante ursprüngliche Filmprojekt, in dem Anna Magnani die Hauptrolle spielen sollte, sagt er schlichtweg ab. Aber weder Anna Magnani noch die Produktionsfirma geben klein bei und verlegen die Handlung kurzerhand auf die Nachbarinsel Vulcano. Man will Rossellini und seinem neuen Star in nichts nachstehen und engagiert einen amerikanischen Regisseur, um dem Projekt einen internationalen Touch zu geben. Als die Dreharbeiten 1949 auf Vulcano beginnen, sind Bergman und Rossellini auf Stromboli bereits bei der Arbeit.

Damals waren die Äolischen Inseln noch kein Touristenziel. Der Koch kam mit der Filmcrew mit, und bei der Suche nach den Komparsen halfen Einheimische. Rossellini besaß auf Stromboli ein kleines Häuschen, in das er mit seiner Geliebten zog, und noch heute ziert eine Steintafel zur Erinnerung an die illustren Gäste die Fassade.

›Vulcano‹ war bereits vor ›Stromboli‹ abgedreht, und man inszenierte die Premiere in Rom als Pressespektakel, das jedoch ins Wasser fiel: Noch während der Film lief, kam in einem römischen Krankenhaus Ingrid Bergmans und Roberto Rossellinis erstes Kind zur Welt, und die Journalisten hatten ihre Schlagzeile für den nächsten Tag. Was heute beste Werbung wäre, war damals ein Skandal: In den puritanischen USA ging man auf die Barrikaden und ächtete das Paar, verlangte gar Einreiseverbot für Rossellini und Bergman und drohte damit, den Film zu boykottieren. Auch in Italien war man nicht begeistert – immerhin war Rossellini Katholik, die Bergman Protestantin, und beide lebten in Scheidung. Nur auf Stromboli war von dem ganzen Ärger nichts zu spüren: Hier gab es kein Kino, in dem man einen oder beide Skandalfilme hätte sehen können.

Statt dessen freute man sich über die immer zahlreicheren Besucher, von denen auch die anderen Liparischen Inseln profitierten. Schon längst gibt es in Strombolis Hauptort Ficogrande eine Bar »Ingrid«, und jeder Hotelbesitzer, Kellner und Barista erzählt von dem berühmten Liebespaar und den Orten des Skandals.

Die weiß getünchten Häuschen nehmen sich vor dem schwarzen Vulkanboden malerisch aus, und die schwarzen Lavastrände der Insel sind ebenso eindrucksvoll wie das kristallklare Wasser. Vulkanologen sind auf Stromboli sowieso ständig zu Gast, weil der kleine Vulkan aufgrund seiner kontinuierlichen Aktivität eine Art Testgelände für neue Untersuchungsmethoden und Geräte ist. Die Einwohner der Insel leben einträchtig mit dem Vulkan, den Winterstürmen, dem Meer und im Sommer mit den Touristen, denen hier mit der nächtlichen Exkursion zu einem der Krater des Stromboli mehr geboten werden kann als auf den Nachbarinseln.

Als wir am Nachmittag das Tragflächenboot zurück nach Milazzo nehmen, liegt der Vulkan friedlich in der Abendsonne. Jules Verne ist nie auf Stromboli gewesen, aber die kleine Insel hat ihn fasziniert und inspiriert. Axel aus Hamburg, der entdeckerfreudige Neffe von

Professor Lidenbrock, sagt nach einer phantastischen Reise durch das Erdinnere, als er begreift, wo sie an die Erdoberfläche gelangt sind:

»Stromboli! Wie regte dieser unerwartete Name meine Phantasie an! Wir waren durch einen Vulkan ins Erdinnere eingedrungen und durch einen anderen wieder herausgekommen, und dieser andere lag mehr als zwölfhundert Meilen entfernt vom rauhen Island am Ende der Welt. Stromboli! Stromboli! sagte ich immer wieder. Mein Onkel stimmte mit Gesten und Worten darin ein. Es war, als sängen wir im Chor. Ach, was für eine Reise, was für eine wundervolle Reise!«

Die ehrenwerte Gesellschaft zwischen Mythos und Realität

Eigentlich gibt es sie längst nicht mehr. Sie gehört einer Vergangenheit an, in der sich Männer in dunklen Anzügen und mit blankpolierten Schuhen auf der Dorfpiazza wortlos Zeichen gaben, die Frauen schnell die Fensterläden zuklappten und ein Schuß durch die glühende Mittagshitze hallte. Fragt man heute einen Sizilianer nach der Mafia, wird der entweder ungehalten reagieren (hätte man diese und andere Vorurteile nicht zu Hause lassen können?) oder liebenswürdig lächelnd mit einer malerischen Mafialegende aufwarten.

Aber auch heute noch ist das Phänomen Mafia Teil der sizilianischen Realität und hat sich vor allem in der zweiten Hälfte des zwanzigsten Jahrhunderts tief ins Antlitz der Insel eingegraben: Bauspekulation, Vetternwirtschaft und eine Korruption, der kaum Herr zu werden ist, zeugen davon. Und es ist lange her, daß das Adjektiv *mafiusu* im sizilianischen Dialekt eine schöne Frau bezeichnete.

Die historische Mafia gründete auf typisch sizilianischen Werten wie Ehre und Stolz. Ihr Kern war die Familie, deren Oberhaupt die Geschicke von »Cosa nostra« lenkte und leitete. Einst ging es um Siziliens Landwirtschaft oder, wie im Fall des berühmten italoamerikanischen Mafiabosses Salvatore Lucania, besser bekannt unter dem Namen Lucky Luciano, um Schwarzmarkthandel und Drogen. Die schillernde Figur des in dem kleinen Dörfchen Lercara Friddi westlich von Palermo geborenen Luciano hat Romanciers und Regisseure immer wieder fasziniert. 1936 wurde der Boß in New York verhaftet, aber bereits 1946 freigelassen: Als die USA die Landung der Alliierten auf Sizilien vorbereiteten, brauchte man seine Verbindungen zur sizilianischen Mafia. Luciano wurde später nach Neapel abgeschoben, wo er 1962 eines natürlichen Todes starb – ein ungewöhnliches Ende für einen Mafiaboß.

Denn schon immer bekriegten sich die Mafiafamilien gegenseitig und metzelten sich auf jede nur erdenkliche Art und Weise nieder: erschießen, einzementieren, verstümmeln, in Säure auflösen, zu Schweinefutter verarbeiten – der Phantasie waren keine Grenzen gesetzt. Die Todesart war dabei oft eine Nachricht an den Feind, und ein als *lupara bianca* bezeichneter Mord der schlimmste: Dabei verschwand das Opfer spurlos, und den Angehörigen blieb nicht einmal die Möglichkeit einer Bestattung. *Lupara* ist die sizilianische Schrotflinte, mit der einst Wölfe gejagt wurden, und die längst nur noch Requisite in farbenprächtigen Mafiafilmen ist.

Das Vorbild für Don Vito Corleone im ›Paten‹, dem wohl berühmtesten Mafia-Schinken Hollywoods, lieferte Don Vito Genovese, der jedoch aus Neapel stammt und damit der Camorra, der neapolitanischen Mafia-Version, angehört. Corleone hingegen ist der Name des berüchtigtsten Mafiaortes Siziliens südlich von Palermo, aus dem der sehr reale Superboß Totò Riina stammt, der 1993 nach über zwanzig Jahren auf der Flucht verhaftet wurde.

Heute ist Corleone ein ganz normales sizilianisches Dorf, das im vergangenen Jahr lediglich mit der Meldung für Schlagzeilen sorgte, Touristen könnten ab sofort auf einem konfiszierten Anwesen der Mafia Urlaub machen. Und an der Portella della Ginstra an der Landstraße von Palermo nach Sciacca, wo der Bandit Salvatore Giuliano – von Christopher Lambert in ›Der Sizilianer‹ als Mittelmeer-Robin-Hood unsterblich gemacht – als Erfüllungsgehilfe der Mafia 1947 Mai-Demonstranten niedermetzelte, erinnern nur noch ein paar Gedenksteine an die Opfer.

Familie, Ehre und Stolz – die Mafia pervertierte diese Werte und machte daraus eine Gewaltherrschaft und das Prinzip der *omertà*, des bedingungslosen Schweigens. Das nach 1860 geeinte Italien hielt wenig Identifikationspotential für die Sizilianer mit ihren spezifischen Problemen bereit, denn Rom war weit und wurde nach 2500 Jahren der Fremdherrschaft nur als ein weiterer Eroberer wahrgenommen. Die ehrenwerte Gesellschaft hingegen regelte das Leben ganz konkret vor Ort. Gehörte man einmal dazu, gab es keinen Notausgang mehr, denn die sogenannten Ratten, Verräter, wurden gnadenlos ausgerottet. Erst viel später gab es Mafiosi, die zu Kronzeugen wurden und sich damit die Möglichkeit eines Ausstiegs verschafften – aber da war von der historischen Mafia schon längst nichts mehr übrig.

In den sechziger Jahren des zwanzigsten Jahrhunderts kam die Zeit des Baubooms und der Bauspekulation, Anfang der siebziger Jahre spielte verstärkt der Drogenhandel und die Heroinproduktion eine Rolle. 1985 entdeckte die Polizei in dem Städtchen Alcamo westlich von Palermo die größte Drogenfabrik Europas, und der Krieg zwischen den Mafiafamilien wurde zunehmend blutrünstiger. Längst kümmerte man sich nicht mehr darum, im Hintergrund zu bleiben, sondern machte den öffentlichen Raum zur Bühne für die grausamsten Morde. In den achtziger Jahren waren Schießereien und Messerstechereien am hellichten Tag Teil der Realität, und immer offener bekämpfte die Mafia in Richtern und Polizisten den Staat selbst.

Trauriger Höhepunkt war 1992 die Ermordung der Mafia-Richter Giovanni Falcone und Paolo Borsellino kurz nacheinander – der eine starb durch eine Autobombe auf dem Weg von Palermo zum Flughafen, der andere wurde kurze Zeit später in Palermo ermordet. Diese Attentate rüttelten die Sizilianer wach, und erstmals gingen die Menschen auf die Straße, um gegen ein

Phänomen zu demonstrieren, mit dem sich die meisten bis dahin stillschweigend arrangiert hatten.

Im letzten Interview vor seiner Ermordung hatte Giovanni Falcone über die Bedrohung durch die Mafia folgende Sätze gesagt, die nach seinem Tod zum Slogan der Empörung wurden: »Gewöhnlich stirbt man, weil man allein ist oder sich in Dinge eingemischt hat, die ein paar Nummern zu groß sind. Oft stirbt man, weil man nicht die nötigen Beziehungen hat, weil man nicht unterstützt wird. In Sizilien bringt die Mafia die Diener des Staates um, die der Staat nicht zu schützen weiß.«

Zwölf Jahre nach den beiden Attentaten, nach Maxiprozessen in unterirdischen Bunkern, nach den Aussagen unzähliger Kronzeugen und der Gefangennahme und Verurteilung von Totò Riina 1993, ist Giovanni Falcone dort, wo die Bombe sein Auto in die Luft sprengte, ein Denkmal errichtet worden: zwei schlichte Obelisken mit den Namen der Opfer. Bei Dunkelheit wird an der schroffen Felswand, die sich jenseits der am Meer entlangführenden Autobahn erhebt, die Stelle angestrahlt, an der die Bombe gezündet wurde. Und Palermos Flughafen heißt inzwischen »Falcone e Borsellino«.

Schweigen ist nicht länger Ehrensache, und Opfer und Täter werden benannt – was nicht zuletzt dem Mafia-Jäger und Exbürgermeister von Palermo, Leoluca Orlando, zu verdanken ist, der von 1985 bis 2000 mit Unterbrechungen die Geschicke der Stadt lenkte. Seine Amtszeit wird oft mit dem pittoresken Begriff »Frühling von Palermo« bezeichnet, weil er die Stadt aus ihrem schmerzhaften Dornröschenschlaf weckte.

Leoluca Orlando ist waschechter Palermitaner von altem Adel und hat wie viele intellektuelle Sizilianer Affinitäten zu Deutschland: Immerhin hat er bei Hans-Georg Gadamer in Heidelberg Philosophie studiert. In Deutschland ist er beliebter als auf Sizilien, und seine beiden Bücher sind unter anderem auf deutsch, nicht aber auf italienisch erschienen. Der Prophet, der im eigenen Lande nichts gilt? »In Sizilien ist es nicht von Belang, richtig oder falsch zu handeln: Die Sünde, die wir Sizilianer niemals verzeihen, ist schlicht und einfach die, überhaupt zu ›handeln‹.«

Diese Worte Don Fabrizios im ›Gattopardo‹ fallen mir ein, als ich Orlando in seiner prächtigen Jugendstilvilla in der Via Dante besuche, in der gerade ein Fernsehteam ein Interview mit ihm dreht. Thema: Sizilien und die Welt. Orlando ist unermüdlich und hat immer bedingungslos gehandelt, auch wenn er dabei sein Leben aufs Spiel setzte. Er ist eine wandelnde Selbstinszenierung, einer, der rund um die Uhr für seine Sache – für Sizilien und den Kampf gegen die Mafia – auf der Bühne steht.

Vor der Tür wachen Bodyguards, seine Assistentin drückt mir sofort eine Mappe mit deutschem Pressematerial in die Hand, Orlando zeigt mir stolz seine Bahncard und erzählt von seinem letzten Auftritt bei Alfred Biolek, seinem guten Freund, bei dem ein weiterer guter Freund, Otto Schily, zugegen gewesen sei. Orlandos Überschwang und Engagement sind beinahe gnadenlos, aber bei der Lektüre seiner Bücher und im Gespräch mit ihm wird deutlich, daß er nur so der vielbesungenen sizilianischen Trägheit entgegentreten konnte.

Seine internationalen Auftritte sind die Rauchzeichen eines Mannes, der überlebt hat, obwohl er jahrelang ›der Nächste‹ auf der Abschußliste der Mafia war, ein Umstand, der in den Titel eines seiner Bücher eingegangen ist (›Ich sollte der Nächste sein‹). Bereits auf dem Gymnasium – natürlich Palermos Eliteschule, das Jesuitengymnasium Gonzaga – fiel Orlando auf, weil er das Wort »Mafia« aussprach, was die Jesuitenpatres durchaus nicht zu schätzen wußten.

Ein *professionista dell'antimafia*, ein Berufs-Mafia-Jäger, wie der Schriftsteller Leonardo Sciascia kritisch die nannte, die den Kampf gegen die Mafia nutzen, um im Rampenlicht zu stehen? Die Zahlen sprechen für Leoluca Orlando: 1985 wurden in Palermo 250 Mafiamorde begangen. Als er 2000 sein Amt als Bürgermeister aufgab, hatten die acht Morde, die in diesem Jahr begangen worden waren, allesamt nichts mit der Mafia zu tun. Unter seiner Ägide blühte Palermo auf, und Orlando wollte aus der Stadt, die zum Sinnbild für das organisierte Verbrechen geworden war, ein Vorbild machen. Sein Slogan *»Il mondo ha un sogno – imitare Palermo«* (Die Welt hat einen Traum – es Palermo gleichzutun) versetzte nicht wenige in Staunen. Aber stolz sagt er, daß seine Insel, die einst die organisierte Kriminalität exportiert hat, nun auch Strategien exportieren kann, wie man dieses Übel bekämpft.

Mit dem Segen von Papst Johannes Paul II. verlieh er vierzig in den USA zum Tode verurteilten Schwerverbrechern die Ehrenbürgerwürde Palermos, und Joseph O'Connell, dessen Schicksal den Stoff für das Hollywood-Drama ›Dead Man Walking‹ lieferte, wurde nach seiner Hinrichtung nach Palermo überführt und dort beigesetzt. Orlando spricht von einer Kultur des Lebens nach den Jahrzehnten der Kultur des Todes. Er wollte mit dieser Aktion zeigen, daß sich eine Stadt, die jahrzehntelang für die grausamsten Morde stand, wandeln kann und Mord in jeder Form – auch die legalisierte Form der Todesstrafe – ächtet.

Orlando zieht für Sizilien unermüdlich durch die ganze Welt, wurde von Hillary Clinton – natürlich auch eine gute Freundin – für den Friedensnobelpreis vorgeschlagen und hat so bedeutende Leute wie Wole Soyinka in den Vorstand seines *Sicilian Renaissance Institute* geholt, das Sitze in Palermo, New York und Mexico hat. Siziliens »Wiedergeburt« steht nichts mehr im Wege, seitdem das Schweigen gebrochen und die Zeit der Mafia-Exzesse vorbei ist.

Auf der Insel ist die Mafia abgetaucht. Man sieht und spürt sie nicht auf den ersten Blick. Sicher werden hier und da noch Schutzgelder erpreßt, aber sehr viel lukrativer arbeitet die sogenannte Ökomafia: illegale Mülldeponien, Transporte toxischer Abfälle und der Handel mit verbotenen Baumaterialien sind interessante neue Betätigungsfelder. Die Mafia ist ein Chamäleon, und die Fähigkeit zum Wandel macht sie stark. Damit behält Tancredi recht, der charmante Neffe von Don Fabrizio im ›Gattopardo‹: »Wenn alles bleiben soll, wie es ist, muß sich alles ändern.«

Vordergründig merkt man also nichts mehr von der Mafia – weder von der der Mafiaromanciers noch vom Blutrausch der achtziger Jahre. Selbst wenn man Sizilianern genau zuhört und vielleicht an einem bedeutungsschwangeren Blick oder einem Halbsatz erkennt, daß von einem die Rede ist, der »etwas zählt«, wird man nicht viel mehr erfahren. Nachfragen hat wenig Sinn, denn natürlich kennt keiner besagten Menschen persönlich, sondern höchstens einen, der einen kennt, der vielleicht mal mit demjenigen gesprochen hat. Dabei handelt es sich auch nie um einen echten Boß, sondern allerhöchstens um das mittlere Management.

Mehr durch Zufall und natürlich auch nur aus zweiter Hand erfuhr ich von der Existenz eines kleinen Mafioso in meinem Stadtviertel. Der Mensch, den mir keiner zeigen konnte oder wollte, hört auf den klangvollen Spitznamen »Bettino 'a scimia«, Bettino der Affe, und ist ein unbedeutender Regent, der rund um Palermos berühmten Markt Vuccirìa die Kleinkriminalität kontrolliert. Über ihn kursieren in den Bars, Autowäschereien und sonstigen Treffpunkten des Viertels merkwürdige Geschichten, wie beispielsweise die über seinen Patensohn, dem jemand eines Tages ein Mofa stahl. Kurz darauf entdeckte der Bestohlene das wertvolle Stück im dichtesten Feierabendverkehr und folgte ihm, bis der Dieb vor einer Bäckerei hielt und abstieg. Der Beklaute lief hinterher und fragte ganz unschuldig, wo er denn das wunderbare Mofa gekauft habe. Nach einem temperamentvollen Wortwechsel (in dessen Verlauf beiden Seiten auf mysteriöse Weise klar wurde, daß sie aus dem gleichen Stadtviertel um die Vuccirìa stammten) sagte der Dieb frech und bedauernswert uninformiert: Wenn der andere das Mofa wolle, müsse er sich an »Bettino 'a scimia« wenden. Was als Drohgebärde gedacht war, entpuppte sich als der klassische Schuß, der nach hinten losgeht, denn nun trumpfte der Bestohlene wütend auf: Kein Problem, immerhin sei »Bettino 'a scimia« sein Pate. Worauf der Dieb hektisch den Mofaschlüssel auf die Theke warf und zu Fuß flüchtete.

Die Mafia ist aber nicht nur eine kriminelle Organisation, sie hat auch das gesellschaftliche Miteinander auf Sizilien nachhaltig geprägt. Beziehungen sind überaus wichtig, und man tätigt ungern größere Anschaffungen oder gar Bauarbeiten, ohne auf die Hilfe eines Bekannten, Freundes oder Verwandten zurückzugreifen.

Der simple Blick in die Gelben Seiten, die es natürlich auch hier gibt, ist nahezu unbekannt. Braucht man etwas – Dienstleistung oder Produkt –, denkt man darüber nach, wen man kennt oder wer einem noch einen Gefallen schuldet. Die eigenartige Formulierung *togliersi un favore* (einen Gefallen loswerden) bringt diese Einstellung auf den Punkt. Sie bedeutet soviel wie »umsonst ist nur der Tod« – wenn mir jemand hilft, dann stehe ich so lange in dessen Schuld, bis es mir gelingt, den mir erwiesenen Gefallen zu erwidern, was nicht zu lange dauern sollte.

Dem Griff zu den Gelben Seiten steht das angeborene Mißtrauen der Sizilianer im Wege: Von einem Unbekannten ist nur Schlechtes zu erwarten. Was nützt es, wenn der Klempner in den Gelben Seiten steht? Er wird das Badezimmer ruinieren, denn Leute, die er nicht kennt, sind ihm egal. Also telefoniert man lieber sämtliche Freunde ab, um jemanden zu finden, der jemanden kennt, der bemüht werden könnte.

Was im Kleinen beginnt, treibt auf höheren Ebenen erstaunliche Blüten: So werden beispielsweise auf Sizilien in den Wahlkampfperioden immer noch verdächtig viele Arbeitsplätze vermittelt. Als mein Bekannter Filippo stolz verkündet, er kandidiere bei den anstehenden Kommunalwahlen, bin ich über das unerwartete politische Engagement erstaunt. Ich frage nach der Partei und bekomme die Nachfolgepartei der alten Democrazia Cristiana genannt (die an Korruption und den Verstrickungen mit der Mafia zugrunde gegangen ist). Deren sizilianische Galionsfigur Totò Cuffaro hat einen Prozeß wegen Mafiaverbindungen am Hals, was aber weder seine Kandidatur verhindert noch seinem Ansehen geschadet hat. Filippo erklärt entschuldigend, daß er eigentlich eher linksliberal eingestellt sei, Cuffaros Partei aber bei genauerem Hinsehen gar nicht schlecht ist. Danach folgt betretenes Schweigen.

Später erfahre ich, daß Filippo seit Jahren um eine Festanstellung als technischer Assistent an einem staatlichen Institut kämpft, aber bislang nur befristete Verträge bekam. Dann wurden sechs Stellen öffentlich ausgeschrieben, wie es das Gesetz vorsieht, und achthundert Bewerber traten an. Filippo stand auf der Kandidatenliste weit vorn, aber selbst das reichte nicht. Von oben legte man ihm nahe, für Cuffaros Partei zu kandidieren.

Warum? Weil er in seinem Heimatort bei Palermo eine riesige Familie und viele Freunde hat, auf deren Stimmen gezählt werden kann. Entsprechend gestaltet sich auch der Wahlkampf. Filippo klapperte sämtliche Verwandten und Bekannten ab und diskutierte, wer für ihn stimmt und ob es bereits andere »Wahl-Verpflichtungen« gibt. Seiner Tante wird fünfmal erklärt, wo sie ihr Kreuzchen zu machen hat. Als tags darauf ein anderer hoffnungsvoller Kandidat, der nicht auf Familienbande pochen kann, bei ihr klingelt, um ihre Stimme zu gewinnen, und mit einem Blick auf ihren verwilderten Obstgarten anbietet, einen Gärtner zu schicken, erklärt sie ihm, daß ihre Stimme bereits vergeben ist.

Im sizilianischen Bürokratiedschungel ist mit gutgemeintem Enthusiasmus immer noch nicht so viel auszurichten, als daß man auf die richtigen Beziehungen zur richtigen Zeit verzichten könnte. Und ob die Mafia nun auf Sizilien groß geworden ist, weil die Sizilianer zu Korruption und Vetternwirtschaft neigen – oder ob ihre jahrzehntelange Diktatur die sizilianische Gesellschaft infiltriert hat, ist so müßig wie die Frage nach der Henne und dem Ei.

Männer wie Leoluca Orlando, Giovanni Falcone und Paolo Borsellino haben die Mafia erfolgreich bekämpft, die inzwischen leider längst ein nationales und internationales Phänomen geworden ist und sich über das Internet verständigt, statt mit der *lupara*, der sizilianischen Schrotflinte, durch die einsamen Berge der Insel zu streifen. Und wer hier Urlaub macht, wird weder einen Paten mit dunkler Sonnenbrille in der Trattoria entdecken noch Zeuge einer abenteuerlichen Schießerei werden. Aber es gibt sie noch – als Teil des Alltags, nicht als romantisch-dramatisches Touristenspektakel.

Dolce vita auf sizilianisch

Die sizilianische Version von Dolce vita und italienischer Lebensart trägt maßgeblich zum Charme der Insel bei, dem Jahr für Jahr ungefähr vier Millionen Touristen erliegen. Aber wie sind sie eigentlich, die Sizilianer, deren Gastfreundlichkeit, Anpassungsfähigkeit, Witz und Kreativität Sizilien-Reisende seit Jahrhunderten faszinieren? Und wie machen sie den Alltag zum Gesamtkunstwerk und das Leben zum Genuß?

Leicht haben es die Sizilianer nicht immer, trotz atemberaubender Landschaften, des milden Klimas und all ihrer Baudenkmäler und Kunstschätze. Tatsache ist aber, daß man mit all den Widerständigkeiten zu leben versteht – und zwar gut. Wie das geht, erschließt sich nicht immer auf den ersten Blick. So erstaunt es doch, wenn sich Palermos größter BMW-Vertragshändler mit der Auszeichnung brüstet, 1997 die meisten BMW-Motorräder weltweit verkauft zu haben. Immerhin jammert jeder – vom Obstverkäufer bis zum Anwalt – gern über die nur allzu bekannten Probleme – Korruption, Arbeitslosigkeit und mangelnde Zukunftsperspektiven.

Wenn in den ärmeren Stadtvierteln Palermos gegen ein geringes Entgelt auf der Straße vom Kunden mitgebrachtes Fleisch gegrillt wird oder die Krankenversorgung in den Dörfern des Hinterlandes mehr als abenteuerlich ist, sieht man gern ein, daß die Klagen nicht ganz aus der Luft gegriffen sind.

Solche und andere Widersprüche prägen den sizilianischen Alltag und damit auch die Sizilianer, die vor allem eins längst aufgegeben haben: sich zu wundern. Statt dessen haben sie Strategien entwickelt, die ihnen durch das verworrene Alltagsdickicht helfen, das Leben angenehm gestalten und sicherstellen, daß sie die in ganz Italien so wichtige *bella figura* machen. Und die scheint sich in Palermo eben ausgerechnet in einem funkelnagelneuen Motorrad zu manifestieren.

Traditionen

Traditionen aller Art werden auch heute noch großgeschrieben und selbst von jungen Leuten nicht als spießig oder unzeitgemäß, sondern als konkrete Lebenshilfe empfunden.

Bewundernd betrachte ich die aufwendig bestickten Tischdecken und Bettücher meiner verheirateten

Freundin Alessandra. Die kann man entweder für sehr viel Geld kaufen (was aber nicht gern zugegeben wird) oder handbestickt geschenkt bekommen – für die Aussteuer. Die gehört in vielen Familien immer noch zum guten Ton, und Mütter, Großmütter und kinderlose Tanten beginnen zu sticken, sobald die Tochter oder Enkelin oder Nichte geboren ist. Neben Tisch- und Bettwäsche sowie Vorhängen sind das auch Spitzennachthemden für die Hochzeitsreise, die in den meisten Fällen nicht mehr modern sind, wenn sie zum Einsatz kommen sollen, und deshalb verschämt irgendwo hinten im Kleiderschrank landen. Ältere Sizilianerinnen erinnern sich daran, jahrelang die Wäsche für ihre Aussteuer selbst bestickt zu haben – und die feinen, wunderschönen Kunstwerke, die dabei entstanden sind, haben rein gar nichts mit den Kreuz- und Hexenstichdeckchen aus dem deutschen Handarbeitsunterricht zu tun.

Der Sinn der Aussteuer ist auch heute noch der, die Haushaltsgründung von langer Hand vorzubereiten, denn alles sollte von Anfang an perfekt sein. Lieber verschiebt man die Hochzeit um ein Jahr, als unbefangen lediglich mit ein paar Tellern und Tassen ins Eheglück zu starten. Not- und Übergangslösungen sind nach wie vor nicht besonders beliebt und ein Zeichen dafür, daß irgend etwas nicht stimmt: Mit vereinten Kräften sollten die Familien von Braut und Bräutigam das Geld für Feier, Wohnung (Eigentum wird klar bevorzugt) und die komplette Einrichtung bis zur letzten Kuchengabel zusammenbekommen.

Bis vor nicht allzu langer Zeit blieb oft nur eine etwas

eigenwillige Lösung, falls das Geld für diesen Kraftakt fehlte oder die Eltern mit der Partnerwahl partout nicht einverstanden waren: *la fuitina* – die Flucht. Dazu verabredeten sich die beiden Partner abends und verschwanden eine Nacht lang gemeinsam, was unter normalen Umständen undenkbar gewesen wäre. Danach war das Mädchen offiziell »entehrt« und mußte notverheiratet werden, was eine abgespeckte Version des großen Programms bedeutete. Häufig war – und ist in den kleinen Dörfchen des Inselinneren auch heute noch – die *fuitina* mit den Eltern abgesprochen, um eine bescheidene Hochzeit zu rechtfertigen. Lieber eine bühnenreife Tragödie, als das Gesicht zu verlieren oder gar bei Nacht und Nebel das Heimatdorf verlassen zu müssen. Denn die heute allerorts beschworene Mobilität ist auf Sizilien viel weniger Thema als anderswo. Wer die Insel verläßt, tut das möglichst nur vorübergehend, weil er keinerlei Perspektiven hat und alle Beziehungen versagt haben, selten jedoch aus dem Wunsch heraus, an einem anderen Ort zu leben. Denn so gern Sizilianer auch jammern: Letztlich sind sie zu Recht fest davon überzeugt, daß es nirgends schöner ist als auf ihrer Insel.

Solidarität

Neben Traditionen spielt Solidarität auf Sizilien eine große Rolle. Man lebt und leidet gemeinsam und tut bei jeder Gelegenheit kund, daß man für die anderen da ist. Spürbar wird das in sizilianischen Krankenhäusern, wo sich sehr zum Leidwesen von Schwestern und Ärzten kaum jemand an Besuchszeiten hält: In den Drei- und Vierbettzimmern scharen sich schnell mal dreißig Besucher um die Patienten, vor allem, wenn es sich um werdende oder gerade gewordene Mütter handelt.

Da das Krankenhausessen als unzumutbar gilt, ist es selbstverständlich, daß die engsten Verwandten dreimal pro Tag komplette Mahlzeiten heranschleppen. Überdies hält jede Nacht jemand anders Wache, um Beistand und Hilfe zu leisten – eine Ehre, die nur Mutter, Schwester oder Schwägerin der Patientin zukommt. Den anderen in der Not nicht allein zu lassen, ist oberste Maxime und geht immer vor die Überlegung, daß Kranke manchmal Ruhe brauchen.

Solidarität wird aber nicht nur im Freundes- und Familienkreis gezeigt. Das merke ich ausgerechnet beim Fußball – Palermo gegen Catania, das Highlight jeder Saison, da sich Palermitaner und Catanier traditionell spinnefeind sind. Ich sehe mir das Spiel bei Freunden in Brancaccio an, einem sehr lebhaften Stadtviertel im Osten Palermos. Vor den Bars sind riesige Bildschirme aufgebaut, denn hier kann sich längst nicht jeder das Abo für den privaten Sportkanal leisten, der die Spiele überträgt.

Als »Il Palermo« das erste Tor schießt, warten wir gespannt auf die Reaktion des Viertels – Totenstille. Das ist ungewöhnlich, denn mit Jubel und Euphorie hält man sich hier normalerweise nicht zurück. In den nächsten neunzig Minuten schießt »Il Palermo« fünf Tore, und man sieht die armen Catania-Fans im Stadion immer kleinlauter werden. Aber Brancaccio schweigt hartnäckig. Als wir später nach Hause fahren, sehen wir, weshalb: Kurz vor dem Spiel ist ein Jugendlicher aus dem Viertel tödlich mit seinem Mofa verunglückt. Das hat sich in Windeseile herumgesprochen – und gegen die Solidarität mit der Familie des Unfallopfers kommt selbst ein 5:0-Sieg nicht an.

Solidarität mit Familie und Freunden ist Ehrensache, und die Ehre, *l'onore*, überhaupt ein wichtiges Thema auf Sizilien. Allerdings wird dieser Begriff hier anders definiert als im Norden der Welt: Die sizilianische Ehre fühlt sich selten der Staatsmacht in Rom verpflichtet, sondern vor allem dem ganz persönlichen Ansehen und dem der Familie. Dafür lohnt jeder Kampf.

Bis vor nicht allzu langer Zeit wurden auf Sizilien die sogenannten *delitti d'onore* – Verbrechen aus Gründen der Ehre wie beispielsweise der Mord am Liebhaber der Ehefrau oder am heiratsunwilligen Schwängerer der Tochter oder handgreifliche Reaktionen auf Spott und Beschimpfungen – erstaunlich milde geahndet. Denn sizilianische Richter hatten für diese Delikte durchaus Verständnis.

Frömmigkeit

Auch heute noch gehört für viele Sizilianer eine gelebte Religiosität zum Alltag. Der Glaube darf aber nicht zu abstrakt werden, sondern muß bunt und anschaulich sein und durchs Leben helfen. Davon zeugt zum Beispiel eine kleine Bronzetafel auf der Piazza Sant'Onofrio im Zentrum Palermos, die ein Kardinal 1911 unter einer Statue der heiligen Rosalia hat anbringen lassen: Darauf verspricht er jedem Gläubigen, der hier ein Ave-Maria betet, hundert Tage Ablaß für seine Sünden.

Auch heute noch kann man in Palermo an einem bestimmten Wochentag sein Auto vor der Kapelle der heiligen Rosalia auf dem Monte Pellegrino einsegnen lassen. Danach wird ein buntes Heiligenbildchen auf die Windschutzscheibe geklebt, und der Akt ist verbrieft und besiegelt.

Allerdings erfreut sich inzwischen der aus Apulien stammende Padre Pio wesentlich größerer Beliebtheit als die traditionellen Stadtheiligen wie Santa Rosalia in Palermo oder Sant'Agata in Catania. Jedes noch so kleine Dorf hat seine meist überdimensional große Padre-Pio-Statue, vor der ein wahres Blumenmeer liegt.

Was hat Padre Pio, was die traditionellen Heiligen nicht haben? Der bescheidene Kapuzinermönch mit den Stigmata, der 2002 heiliggesprochen wurde und dessen Leben medial vollständig erschlossen ist, ist den Menschen heute näher als die historischen sizilianischen Schutzheiligen. Die Pilgerfahrt zum Geburtsort des Heiligen ist für viele Sizilianer ein Muß und ein gesellschaftliches Ereignis. Zumeist locken die Veranstalter mit niedrigen All-inclusive-Preisen (fünf Tage Übernachtung, Vollpension, Überfahrt nach Neapel und Weiterreise mit dem Bus sowie ein geselliger Abend mit Musik für 99 Euro).

Sieht man sich das Programm genauer an, entdeckt man zwischen den Besichtigungen die verschiedensten Verkaufsveranstaltungen – die meisten dieser Reisen sind Butterfahrten auf Süditalienisch: Statt auf Bauer Egons Hof zu fahren, reist man hier zu Padre Pio und läßt die Verkaufsveranstaltung der Firma Domotex (Bettdecken, Matratzen etc.) geduldig über sich ergehen. Padre-Pio-Devotionalien gibt es außerdem in allen erdenklichen Varianten an den zahlreichen Ständen rings um die Wallfahrtsorte zu kaufen. Und meistens winkt noch eine Halbtagestour durch Bella Napoli, die Stadt auf dem »Festland«, der sich Sizilianer besonders verbunden fühlen...

Mimikry

Anpassungsfähigkeit und Erfindungsreichtum gehören zu den unabdingbaren Charaktereigenschaften der Sizilianer. Das merkt man spätestens bei der Parkplatzsuche in kleineren und größeren Städten, wenn aus dem Nichts einer der unzähligen selbsternannten Parkwächter auf die Straße springt und den verzweifelt Suchenden davon überzeugen will, das Auto ruhig auf dem Zebrastreifen, in der zweiten Reihe oder im absoluten Halteverbot abzustellen – gegen ein geringes Entgelt, das an ihn zu zahlen wäre, natürlich. *Non ti preoccupà, ci penso io!*, keine Sorge, ich kümmere mich darum, folgt dann unweigerlich, und erstaunlicherweise stimmt das meistens. Zahlt er Prozente an Politessen oder die Verkehrspolizei? Markiert er auf geheimnisvolle Weise sein Revier? Ein ewiges Rätsel, aber solche selbstgeschaffenen ABM-Maßnahmen sind auf Sizilien ebenso an der Tagesordnung wie der Kampf um den *posto*.

Der *posto* ist eine feste Anstellung irgendwo im verschlungenen Verwaltungsapparat der Stadt, des Landes oder in staatlichen Unternehmen wie beispielsweise der Post. Dabei geht es nie um die Art der Tätigkeit, sondern schlichtweg darum, überhaupt einen zu ergattern. Hat man einmal einen *posto*, kann man sich entspannen und seine Energien auf andere Projekte richten, wie beispielsweise einen kreativen Nebenjob, denn man ist quasi unkündbar. Bei der unsicheren Lage auf dem sizilianischen Arbeitsmarkt wundert es wenig, daß sich viele Ambitionen im Kampf um die staatliche Anstellung erschöpfen.

Ein Spiel mit diesem Traum waren vor einigen Jahren die sogenannten LSU-Stellen: *Lavori Socialmente Utili* (sozial nützliche Tätigkeiten). Ein Euphemismus, hinter dem sich ganz einfach ABM-Maßnahmen verbargen, die wenigstens vorübergehend die Arbeitslosigkeit mindern sollten: Gegen einen Niedriglohn von vierhundert bis sechshundert Euro machten sich die Kandidaten in staatlichen Behörden und Ämtern »sozial nützlich«.

Immer winkte angeblich ein richtiger *posto*, obwohl zusätzliches Personal in den besagten Büros oftmals schlichtweg überflüssig war. Meine Freundin Ketty hat eine LSU-Stelle im Sekretariat der AMIA, dem Abfallamt der Stadt Palermo, zugewiesen bekommen. Seit sechs Jahren ist die Festanstellung zum Greifen nah, auch wenn ab und zu andere »sozial nützliche« Tätigkeiten als Übergangslösung drohten. Besonders gefürchtet war lange die des *»ispettore ecologico«*, was eigentlich recht vielversprechend klingt. Bis mir Ketty erklärte, daß damit einfach nur gemeint ist, neben den öffentlichen Mülltonnen die korrekte Müllentsorgung zu überwachen, die getreu jedem landläufigen Klischee oftmals immer noch abenteuerlich ist.

Bereits Goethe schrieb auf seiner Reise durch Sizilien 1787 in sein Tagebuch, was ihm ein Kaufmann aus Palermo anvertraute: »Es ist bei uns nun einmal, wie es ist – was wir aus dem Hause werfen, verfault gleich vor der Tür.« Ganz so ist es längst nicht mehr, aber überquellende Mülltonnen und achtlos auf die Straße geworfener Abfall prägen auch heute manchmal noch das Bild – obwohl man sich um neue Lösungen bemüht. Eine davon sind eben die *»ispettori ecologici«*.

Nachdem die Glücklichen, die einen LSU-Posten ergattert hatten, anfangs froh über ihre Jobs waren, stellte sich schon bald Ernüchterung ein. Auch auf Sizilien kann man mit vierhundert bis sechshundert Euro keine Familie ernähren, und schon gar nicht, wenn man nicht weiß, wie lange man sich noch sozial nützlich machen darf. Wer irgend konnte, nutzte deshalb seine Phantasie, Kreativität und sämtliche Beziehungen, um eine andere Beschäftigung zu finden.

Arbeit ist und bleibt ein knappes Gut auf Sizilien, und deshalb leisten sich hier nicht viele den Luxus, darin nach Selbstverwirklichung zu suchen. Es gilt die Devise, eine Nische zu suchen und zu verteidigen, und dann Verwandten und Freunden zu helfen, die schlechter dran sind als man selbst.

Schweigen ist Gold

Sizilianer sind überaus mitteilsam. Das stellt man bereits auf allen Flügen nach Palermo und Catania fest. Wer des Italienischen nicht mächtig ist, könnte meinen, es handele sich um eine einzige Reisegruppe, die aufgeräumt nach Hause fährt, Erfahrungen austauscht und Mitbringsel herumzeigt.

Geredet wird überall – in den Schlangen auf den Ämtern, an der Bushaltestelle, morgens in der Bar beim ersten Cappuccino und vor allem mit jedem, der irgendwie auswärtig aussieht. Tomasi di Lampedusa schrieb über den »insularen Juckreiz, der die Sizilianer veranlaßt, Fremden haarsträubende, leider immer wahre Geschichten zu erzählen«. Und er beschwerte sich, daß die Wahrheit »nirgends ein so kurzes Leben hat wie in Sizilien«. Meistens wird aber nicht schamlos gelogen, sondern einfach nur maßlos übertrieben: Sizilianer sind nun einmal großzügig und überschwenglich. Gerade den Touristen, die gern nach dem Haar in der Suppe suchen – die Frage nach der Mafia, Bauruinen oder Diebesbanden, wenn die Sonne mal wieder allzu zu schön überm Meer untergeht –, will man beweisen, daß der Schein nicht trügt, daß es sich hier herrlich leben läßt und alle Gerüchte über Kriminalität und Alltagsschwierigkeiten Teil der bösartigen Propaganda sind, die man im nebligen Norditalien aus purem Neid betreibt. Deshalb werden aus Ruderbooten Segelyachten, aus datschenartigen Verschlägen Villen auf dem Lande und aus neun Sonnenmonaten mindestens zwölf.

Trotz alledem haben Sizilianer auch etwas Verschlossenes, was aufgrund ihrer Gastfreundschaft und Freundlichkeit erst nach und nach deutlich wird. Heikle Themen und Probleme werden hartnäckig totgeschwiegen, und über Schwierigkeiten wie Korruption oder Mafia verständigt man sich – wenn überhaupt – mit einer knappen Geste oder einem vielsagenden Blick, den ein Ausländer kaum bemerkt oder nicht zu deuten weiß. Das Prinzip der *omertà*, das Gesetz des Schweigens, hat sich tief in die sizilianische Seele eingegraben, und wer jedes Kind beim Namen nennt, outet sich sofort als Fremder. Verbale Kommunikation dient dazu, soziale Kontakte aufzubauen und zu pflegen, nicht primär dem Informationsaustausch.

Geht man zum Fischhändler seines Vertrauens – der mit dem ganz frischen Fisch, der, der einen nie enttäuscht – und fragt nach der Goldbrasse, die dort ganz fangfrisch liegt, gibt es zwei Möglichkeiten: Entweder wird sie angepriesen und nach Einigung über den Preis fachmännisch filettiert, oder aber der Fischverkäufer tut so, als habe er den Wunsch seines Kunden nicht gehört. Als mir das zum ersten Mal passierte, insistierte ich tapfer und bekam schließlich die gewünschte Goldbrasse. Allerdings wurde bereits am düsteren Blick des sonst so freundlichen Menschen sichtbar, daß irgend etwas gründlich schiefgelaufen war. Klar, der Fisch war mittelmäßig, er hat mir deutlich zu verstehen gegeben, daß eine Alternative ratsam wäre, aber wenn ich seine Signale nicht zu deuten weiß, kann er mir auch nicht helfen.

Da ist es beruhigend, daß sowohl Luigi Pirandello als auch Leonardo Sciascia schreiben, wie schwer es ist, die Sizilianer zu verstehen – Sciascia nennt seine Landsleute widersprüchlich und extrem, Pirandello verschlossen. Lampedusa schreibt gar von der »Zugeknöpftheit der geschwätzigen Sizilianer«.

Kaum zu glauben, wenn man Zeuge eines sonntäglichen Familientreffens wird, das man nach vier Stunden mit leichtem Ohrensausen und dem Gefühl verläßt, versagt zu haben, weil man in den Wortfluten der anderen nicht mal einen Halbsatz untergebracht hat.

Amuri

ist der sizilianische Ausdruck für *amore*, Liebe: Grund für leidenschaftliche Szenen, erbitterte Kämpfe, zügellose Eifersucht – und ein ewiges Thema bei Männern und Frauen jeden Alters. Bereits die allerersten Annäherungsversuche des anderen Geschlechts werden von Vätern, Brüdern und Onkeln des weiblichen, noch blutjungen Wesens mit äußerster Wachsamkeit verfolgt. Denn auch wenn man Spaß versteht und gern lacht, ist eines klar: Alles kann mit Humor genommen werden – außer der Liebe.

Verliebtsein ist schön, aber schon bald sollten klare Verhältnisse geschaffen werden: *A zita* und *u zitu* sind viel konkretere Begriffe als »mein Freund« und »meine Freundin«. Auf Sizilien verschweigt man eine neue Eroberung oder Bekanntschaft erst einmal (oder erzählt besonders ausführlich davon, wenn es sich nur um ein Abenteuer handelt), bindet dann jedoch den Sack mit Entschiedenheit zu. Ist man *zita* oder *zitu*, hat der Partner bereits eine Reihe von Rechten und Ansprüchen, die berücksichtigt werden müssen: Man tritt gewöhnlich gemeinsam in der Öffentlichkeit auf, man geht im Elternhaus des Partners aus und ein und wird von *mamma* und *papà* schon mal auf Ehetauglichkeit geprüft.

Die schlimmste Schande für einen Mann ist die, betrogen zu werden und als *cornuto*, als Gehörnter, durchs Dorf oder Stadtviertel zu gehen – vielleicht noch, ohne es selbst zu ahnen. Sind die Hörner, *le corne*, offiziell, ist der Mann in Zugzwang und muß reagieren, um nicht vollends sein Gesicht zu verlieren.

Wie das einst ging, führte Marcello Mastroianni 1961 in der Komödie ›Scheidung auf Italienisch‹ vor, die natürlich auf Sizilien spielt und in der er als sizilianischer Dorfbaron – verliebt in seine schöne Cousine, aber leider verheiratet – die ungeliebte Ehefrau in die Arme eines Verehrers treibt, um als *cornuto* alle beide umbringen zu können. Das war dann ein *delitto d'onore*, ein Verbrechen der Ehre, und wurde unter dem Jubel des gesamten Dorfs mit äußerster Milde geahndet.

Erstaunlicherweise existiert keine weibliche Form

des Adjektivs *cornuto*, obwohl Frauen auf Sizilien genauso betrogen werden, wie überall anders auch.

Liebe und Leidenschaft treiben auf Sizilien manchmal seltsame Blüten. Die kann man zum Beispiel in der Nähe des kleinen Städtchens Sciacca an der sizilianischen Südküste bestaunen, wenn man den unauffälligen Wegweisern zum »Castello incantato«, dem verwunschenen Schloß, folgt. Statt eines Schlosses findet man eine Art Garten der enttäuschten Liebe mit wunderbarem Blick über die Küste – das Refugium des Fischers Filippo Bentivegna, der als junger Mann nach Amerika auswanderte, dort seine große Liebe fand und schon bald an einen Rivalen verlor. Mit gebrochenem Herzen kehrte er nach Sizilien zurück und kaufte sich von seinen letzten Dollars ein Stück Land mit einem kleinen Häuschen darauf. Hier haute er unermüdlich Köpfe in den Stein und in die Stämme der uralten Olivenbäume. Fast sechstausend davon starren den Besucher an – traurige, zornige und verzweifelte Gesichter, viele davon die zur Fratze verzerrte Physiognomie des verhaßten Nebenbuhlers. Mit Menschen wollte Bentivegna nichts mehr zu tun haben, und an die fünfzig Jahre lang hauste er einsam inmitten seiner Skulpturen, bevor er 1967 starb.

Unzählige sizilianische Sprichwörter über die Liebe tragen einen wahren Schatz von Weisheiten, Regeln und Erfahrungswerten zusammen. Oberstes Gebot aber ist dieses: *Quannu l'amuri tuppulia, non lu lassari ammenzu a la via* – Wenn die Liebe anklopft, laß sie nicht draußen stehen, kurz: Bloß nichts anbrennen lassen.

Feste feiern

Feste aller Art sind aus dem sizilianischen Alltag nicht wegzudenken, denn Sizilianer feiern leidenschaftlich gern. Ihre Großzügigkeit sowie ihr ausgeprägter Sinn für die schönen Dinge des Lebens machen jeden noch so unbedeutenden Anlaß zum festlichen Spektakel. Ob hochoffiziell oder ganz privat, man scheut weder Mühen noch Kosten, um *bella figura* zu machen.

Auch der kleinste Weiler feiert irgendwann im Jahr das Fest seines Dorfheiligen – im Zweifelsfall ist das San Giuseppe. Dann wird die Statue des Heiligen von den dazu Auserkorenen durchs Dorf geschleppt, und aus unzähligen Lautsprechern scheppert ohrenbetäubende Musik. Alles, was Rang und Namen hat, läuft im feinsten Stoff den geistlichen Würdenträgern hinterher, und selbst im dunkelsten Gäßchen erstrahlen Lichterketten.

Nie fehlen darf das Feuerwerk, krönender Abschluß eines gelungenen Festes, das selten durch die Choreographie von Effekten und Farben, sondern durch den Lärmpegel besticht. Die Maxime des Dorf-Pyrotechnikers ist dabei grundsätzlich die, es dem Nachbarweiler mal so richtig zu zeigen. Kurzum, man könnte meinen, der Wohlstand sei gerade hier und gerade jetzt ausgebrochen.

Das winzige Aspra bei Palermo feiert seinen Heiligen im September eine ganze Woche lang, wobei man die Feierlichkeiten täglich in aller Herrgottsfrühe mit Kanonendonner beginnt. Und das Feuerwerk muß den Vergleich mit dem von Palermo nicht scheuen: Das Geld dafür schicken die nach Amerika ausgewanderten Aspresi, da im Dorf nach Schließung der Sardinenfabrik und Verhaftung des örtlichen Mafiabosses längst die Lichter ausgegangen sind.

In dem kleinen Dorf Campofelice, vierzig Kilometer von Palermo entfernt, ist die Emigration Teil einer Realität, auf die man sich eingestellt hat. Schutzpatron des Örtchens ist – wie könnte es anders sein – San Giuseppe, dessen Fest unglücklicherweise auf den 19. März fällt. Kein Zeitpunkt, an dem man einfach so Urlaub nehmen und nach Sizilien fahren könnte. Deshalb wurde nicht lange gefackelt, das Fest kurzerhand auf den 23. August verlegt und damit zum Höhepunkt der traditionellen Sommerferien gemacht, die sowieso alle in der Heimat verbringen. Dann sinkt in dem Dörfchen, in dem das ganze Jahr über gespenstische Stille herrscht, das Durchschnittsalter locker um Jahrzehnte, während der Geräuschpegel seinerseits bedenkliche Werte erreicht.

Wenn in Palermo am 13. Juli das Fest der heiligen Rosalia begangen wird, scheinen rheinischer Karneval und die Neujahrsparty am New Yorker Times Square auf einen Tag zu fallen. Tagelang herrscht Ausnahmezustand in der Stadt, in jeder Gasse stößt man auf Prozessionen, und die Straßenköche können gar nicht schnell genug Fleisch auf ihre Grills nachlegen.

Höhepunkt ist der grandiose Zug zu Ehren der heiligen Rosalia von der Kathedrale zum Meer. Jedes Jahr wird die Ausstattung ihres Wagens sowie die Choreographie der gesamten Prozession sehnsüchtig erwartet, kritisch beurteilt, verworfen oder hoch gelobt. Kein Fest für Menschen mit Platzangst: Wenn schließlich der Wagen der Heiligen durch die Porta Felice auf die Uferpromenade schaukelt, kann man sich von den Menschenmassen nur noch mitschieben lassen und geduldig warten. Denn drei Stunden später beginnt genau hier das große Feuerwerk, bei dem jedes Jahr wahre Unsummen in die Luft gepulvert werden.

Palermo weiß, was es der Normannenprinzessin Rosalia schuldig ist, die sich im zwölften Jahrhundert für ein frommes Leben in der Abgeschiedenheit des Monte Pellegrino entschied und deren Erscheinen die Stadt im siebzehnten Jahrhundert vor der Pest rettete. Es war der flämische Maler Anton van Dyck, der mit seinen Bildern (die allerdings in Museen in Rom, Wien und New York und nicht auf Sizilien hängen) die Heilige in ganz Europa bekanntmachte. Van Dyck zog sechs Jahre lang durch Italien und fühlte sich nicht nur in Genua, sondern vor allem in Palermo sehr wohl. Seine Bilder der standhaften Jungfrau mit der Lilie und dem Totenschädel beeindruckten auch die Christen Nordeuropas, und eine Gemeinde aus Antwerpen bemühte sich sogar um ihre Reliquien.

In Palermo sind die Reliquien der »Santuzza«, wie die Heilige liebevoll im Volksmund genannt wird, dort zu bewundern, wo man sie der Legende nach einst fand, nämlich in ihrer Grotte auf dem Monte Pellegrino, die inzwischen zur Kirche ausgebaut ist. Im September pilgern Palermos Gläubige scharenweise die traditionellen Pfade hinauf. Zwar dauert der Aufstieg höchstens anderthalb Stunden, aber das ist für die fußscheuen Sizilianer bereits ein beachtliches Opfer. Wer der Heiligen besonderen Dank schuldet, legt den Weg wahlweise auf Strümpfen, barfuß oder in besonderen Härtefällen streckenweise auf Knien zurück. In der Grotte kann man dann die von Schmuck, Geld und unzähligen Votivtäfelchen umgebene Statue bestaunen – Zeugnis eines sehr lebendigen Glaubens.

Was für Palermo die heilige Rosalia ist, ist für Catania die heilige Agata, die die Stadt einst vor den glühenden Lavaströmen des Ätna rettete. Anfang Februar wird sie drei Tage lang gefeiert, und im alten Catania galt dieses Fest zugleich als Silvester. Eine Art Sänfte mit der Statue der Heiligen, der elf Kerzenträger mit mannshohen Kerzen voranschreiten, wird dann durch jedes Stadtviertel getragen. Und Catanias Pyrotechniker müssen jeden Abend ans Werk, um die zahlreichen feuerwerkwütigen Ätna-Dörfer auszubooten.

Groß gefeiert werden aber nicht nur die Lokalheiligen, sondern überhaupt alle religiösen Feste: Prozessionen, viel gutes Essen und schnell aufgebaute, buntbemalte Stände mit Bergen von Nüssen und Süßigkeiten gehören zu jedem Feiertag. Ostern ist inzwischen aufgrund der vielfältigen Traditionen zum Magnet für den gehobenen Kulturtourismus geworden: In der Regel wird eine Woche lang ausgiebig gefeiert. Da der Höhepunkt des Kirchenjahres mit dem Winterende zusammenfällt, haben sich heidnische und christliche Riten vielerorts zu einer farbenfrohen Mischung verbunden.

In Terrasini, einem kleinen Ort in Küstennähe westlich von Palermo, wird am Ostersonntag nicht nur die Auferstehung Christi, sondern auch das Fest der Junggesellen, *la festa di li schietti*, gefeiert. Einst, als man die Angebetete nur sonntags in der Messe und eventuell in Begleitung sämtlicher Schwestern, Cousinen und Tanten beim Flanieren auf dem Corso aus der Ferne bestaunen konnte, war das eine gute Gelegenheit, sich zu erklären oder erneut vorzusprechen, indem man ein aufwendig geschmücktes Orangenbäumchen unter dem Balkon der Angebeteten hochstemmte.

Eindrucksvoll ist auch der Teufelstanz in Prizzi am Ostersonntag, wenn unzählige Teufel durch die Straßen rennen und die Begegnung der Madonnenstatue und der Jesusstatue zu verhindern suchen. Das scheint alljährlich beinahe zu klappen, bis eine Engelschar auf den Plan tritt und die Teufel mit ihren leuchtendroten Masken und Gewändern »ersticht«: Wieder einmal siegt dann das Christentum über heidnische Riten.

In Piana degli Albanesi, eine halbe Stunde von Palermo entfernt, kann man hingegen eine griechisch-orthodoxe Version von Ostern erleben. Seit fünfhundert Jahren lebt die albanische Minderheit in dieser Ortschaft auf Sizilien und hat Traditionen, Bräuche und ihre Sprache gepflegt. Die farbenfrohen Kostüme, die bei der Osterprozession getragen werden, faszinierten bereits die Reisenden des neunzehnten Jahrhunderts. Hier werden sogar Eier gefärbt (aber ausschließlich rot, wie es die Tradition will), was ansonsten auf Sizilien unbekannt ist. Zwar schenkt man den Kindern Schokoladeneier, aber weder werden Hühnereier bemalt, Osternester versteckt noch Geschichten vom Osterhasen erzählt, denn der ist hier gänzlich unbekannt.

Im November, wenn selbst auf der Insel des Sonnengottes die Hitze nachläßt und die ersten Regenwolken am Himmel stehen, färben sich die Tage noch einmal kunterbunt. An Allerseelen bringen nämlich die verstorbenen Verwandten den Kindern Geschenke: Früchte aus Marzipan, die ab Oktober in den verführerischsten Farben in allen Bars leuchten, und *pupi di zucchero*, Figuren aus buntem Zucker, die auf beiden Seiten des Mittelmeers seit Jahrhunderten beliebt sind und im tunesischen Nabeul zum islamischen Neujahrsfest verschenkt werden. Neben diesen traditionellen Gaben ist es aber vor allem grellbuntes Plastikspielzeug, das sizilianische Kinderherzen höher schlagen läßt.

Um sich bei den Verstorbenen für die Geschenke zu bedanken, pilgert die gesamte Familie nach dem gemeinsamen Festmahl zum Friedhof, auf dem an diesem Tag

Jahrmarktsatmosphäre herrscht: Während die Kinder zwischen den typisch italienischen Schubladengräbern Fußball spielen, scharen sich die Familien um die Gräber, um Neuigkeiten mit den Verwandten auszutauschen, die man übers Jahr seltener trifft. Dabei ist jeder mit einem bunten Blumenstrauß fürs Grab bewaffnet, denn dezenter deutscher Grabschmuck aus Tannenzweigen und unscheinbarer Erika ist hier unbekannt. Und ein »Ort des Schweigens« ist der Friedhof natürlich besonders an diesem Tag nicht – man debattiert, die Kinder kreischen, und ab und zu klingeln hier wie überall und zu jeder Zeit die Handys, das liebste Spielzeug von groß und klein. Das ist aus dem Alltag nicht mehr wegzudenken und wird höchstens leise gestellt, aber niemals ausgeschaltet. Zu Weihnachten schickt man seine Grüße inzwischen per SMS an Hunderte von Bekannten und Freunden – vor und nach den unvermeidlichen Kartenspielen, die zwischen dem achten Dezember, Mariä Empfängnis, und dem Dreikönigstag Sinn und Zweck jedes Treffens mit Freunden oder Verwandten sind.

Ursprünglich sollten die Karten die ganze Familie beschäftigen und verhindern, daß während der langen Weihnachtsfeierlichkeiten Langeweile aufkommt. Heute trifft man sich mit möglichst vielen Freunden allabendlich und spielt um Geld. Und auch wenn der Einsatz mit zwei Euro beginnt, wird man ganz leicht Hunderte von Euro los – vor allem, wenn man eine Pechsträhne hat, aber nicht aufgeben will, um das schlimmste aller Übel zu vermeiden: *brutta figura* zu machen – eine schlechte Figur…

Ein ungewöhnliches Fest in der Adventszeit ist das der heiligen Lucia am 13. Dezember, denn an diesem Tag ißt man auf Sizilien weder Brot noch Pasta, ein Opfer, das durchaus den Strapazen einer mehrstündigen Pilgerwanderung entspricht. Die heilige Lucia stammte aus Syrakus und hat sich einer mittelalterlichen Legende zufolge die Augen ausgestochen, um den Bitten ihres Verlobten zu widerstehen, der sie von ihrem Entschluß, ins Kloster zu gehen, abhalten wollte.

Die Heilige soll mit Verzicht geehrt werden – aber der Verzicht auf Fleisch war bis vor gar nicht allzu langer Zeit auf Sizilien eine Realität, mit der nicht nur die Allerärmsten leben mußten. Deshalb ging man ans Eingemachte und verbannte an diesem Tag *pane e pasta* vom Speiseplan. Statt dessen gab und gibt es in Schokolade aufgekochten Hirsebrei oder Reisspezialitäten, denn auf ein gutes Essen wollen Sizilianer trotz aller Frömmigkeit nicht verzichten. Besonders gern werden am 13. Dezember die typisch sizilianischen frittierten Reisbällchen, die *arancini*, verzehrt.

Aber nicht nur kirchliche Festtage sind ein Grund zum Feiern. Das beste Beispiel für den sizilianischen Hang zur *grandezza* ist die Hochzeit, der Höhepunkt jeder Familienhistorie. Mit den Vorbereitungen wird mindestens ein Jahr vor dem Hochzeitstermin begonnen, aber die Familien der Protagonisten bewegen das Ereignis gewöhnlich schon zwei oder drei Jahre im Geiste – nämlich spätestens ab dem Zeitpunkt, an dem »er« mit einem möglichst großen Brillantring die Verlobung offiziell gemacht hat.

Bei der Planung des Fests kann es nicht darum gehen, was finanziell möglich oder gar sinnvoll ist, sondern einzig darum, Freunden, Verwandten und dem gesamten Stadtviertel oder Dorf zu demonstrieren, daß Geld keine Rolle spielt. Über Geschmack läßt sich bekanntlich sowieso streiten, und für Kitsch gibt es weder ein italienisches noch ein sizilianisches Wort, und daher ist vornehmes Understatement in diesem Fall noch viel weniger gefragt als sonst.

Brautkleid, Blumenschmuck, reizende kleine Geschenke für die Gäste, der Luxusschlitten, in dem die Braut samt Vater zur Kirche fährt ... die Liste der absoluten Musts ist bedrohlich lang – und kann keinesfalls zusammengestrichen werden. Ein ganz eigenes Kapitel ist die Dokumentation des Fests: Man möchte hinterher nicht nur ein hundert Seiten starkes Fotoalbum, sondern auch einen professionellen Film als Andenken an den großen Tag haben. Deshalb avancieren Photograph und Kameramann zu Protagonisten, die das Fest dominieren, choreographieren und natürlich auch in der Messe jeden Moment der Besinnung mit Blitzlichtgewittern und hektischen Hürdenläufen zwischen Brautpaar, Altar und Festgemeinde füllen.

Der Kameramann steht bereits morgens gegen sieben Uhr bei der Braut auf der Matte und filmt dann so lange geschäftig, bis das letzte Stück Hochzeitstorte spät in der Nacht verzehrt ist. Dann schneidet er zusammen, webt alle Effekte ein, die sein Hochleistungs-Mac hergibt, unterlegt das Ganze mit Musik, und fertig ist ein Zweistunden-Œuvre. Grundsätzlich wissen sowohl Photograph als auch Kameramann, daß jede Braut schön ist – auch zentnerschwere Bräute sieht man deshalb im Hafen auf schneeweißen Segelyachten mit ihrem Angetrauten Kate Winslet und Leonardo Di Caprio in Titanic-Pose mimen oder sich in einer Barockvilla verführerisch auf einer Samt-Chaiselongue räkeln.

Nachdem das überstanden ist, geht's zur eigentlichen Feier – wer es sich leisten kann, bevorzugt teure Hotels oder wunderschöne Villen, die oft nur für Feiern angemietet werden können. Das Menü sollte ein Fischmenü sein, denn selbst auf einer meerumspülten Insel verweisen Austern, Scampi & Co auf die Finanzkraft aller Beteiligten. Reden aller Art sowie die in Deutschland beliebten Spielchen sind hier gänzlich unbekannt – es wird stundenlang formvollendet getafelt, hinterher eventuell getanzt, aber sich vor mehreren hundert Gästen an so einem Tag lächerlich zu machen, wäre das letzte, was sich sizilianische Brautpaare wünschen.

Obwohl sizilianische Hochzeiten an Größenwahnsinn kaum zu überbieten sind, hält sich auf Sizilien hartnäckig das Gerücht, daß in Neapel noch aufwendiger gefeiert werde und die eigenen Hochzeiten im Vergleich dazu nachgerade bescheiden seien. Ob das stimmt, sei dahingestellt – aber da ein solches Ereignis auch an den Gästen zehrt, die vor der Trauung den obligatorischen Friseurbesuch erledigen müssen, selbst bei fünfunddreißig Grad weder auf Abendkleid und hochhackige Schuhe (sie) noch auf den Dreiteiler (er) verzichten dürfen und stundenlang vor der Kirche, den Foto-Locations und dem Hotel oder der Villa auf Braut und Bräutigam warten, ist das Wissen, daß anderswo die Leute noch mehr leiden, ein Trost – wenn auch nur ein schwacher.

Alles außer Frühstück

Folgt man der Einladung des stets um den Fremden bemühten Palermitaners zu den mobilen Garküchen der Altstadt, könnte man meinen, auf einem oberbayrischen Schlachtfest gelandet zu sein: Die beliebten, immer leicht angekokelten *stigghiole* (Ziegendärme vom Holzkohlegrill – viel Geschlinge, wenig Fleisch), *pane ca' meusa* (ein Brötchen mit einer Scheibe gebratener, öltriefender Milz) oder die *frittola* (gebratene Kalbsinnereien, die der Verkäufer traditionell mit der bloßen Hand aus dem dampfenden Topf fischt) können selbst überzeugte Karnivoren das Fürchten lehren.

Stigghiole und *pane ca' meusa* sind echt sizilianischer Fastfood, den man zwischendurch und unterwegs ißt und dessen Kaloriengehalt den eines doppelten Cheeseburgers bei weitem übertrifft. Zwar hat vor einigen Jahren auch McDonald's den Weg nach Sizilien gefunden, aber konkurrieren kann der Fastfood-Riese mit den vielen wackligen Grills, die durch die Straßen geschoben werden, keineswegs.

Gerade in Palermo ißt man gern unterwegs – was nicht heißt, daß deshalb die ausgiebige Mahlzeit im Familienkreis am Abend gestrichen wird. Daß sich häufig schon gegen elf Uhr vormittags der Hunger regt, ist nicht weiter verwunderlich, denn das Frühstück fällt auf Sizilien wie überall in Italien mager aus. Zum allmorgendlichen *cornetto*, einem etwas kompakteren Croissant, der entweder mit Marmelade, Nutella, süßer Ricotta (einer sizilianischen Spezialität) oder Vanillecreme gefüllt ist, wird *caffè* getrunken, der hier wirklich so stark ist, daß er nur mit ganz viel Zucker zu ertragen ist. Das Gebräu wird in mikroskopisch winzigen Mengen serviert, die nicht einmal ein Viertel einer Espressotasse füllen – aber alles andere verschmähen Sizilianer, die bereits nördlich von Neapel ob zuviel dünnen Kaffees in der Tasse die Nase rümpfen.

Nach diesem allmorgendlichen Stehimbiß, der für frühstückliebende Deutsche schon deshalb wenig Reiz hat, weil die Prozedur innerhalb von maximal fünf Minuten abgeschlossen ist, kommt den anderen Mahlzeiten eine entsprechend größere Bedeutung zu. In der Familie ist das Essen Dreh- und Angelpunkt des Zusammenlebens – vor allem das sonntägliche Mittagessen oder das Festessen an den Feiertagen. Da versammelt sich die gesamte Familie, und wenn man sich gegen eins an die große Tafel setzt, kann man getrost davon ausgehen, bis mindestens vier Uhr beschäftigt zu sein.

Das, was heute als sizilianische Küche bekannt ist, war einstmals Arme-Leute-Küche, die von den immer frischen Zutaten und intensiven Geschmackskompositionen wie süß / sauer und süß / scharf lebt. Oftmals imitierte man die Gerichte der Reichen: Eine gebratene Kürbisscheibe hat zumindest optisch einiges mit einem Stück Fleisch gemein, das höchstens zu den ganz hohen Feiertagen auf den Tisch kam. Essen war und ist bei arm und reich Lebensart und sinnlicher Genuß. Nicht ohne Grund sagt man auf Sizilien über eine Frau, sie sei schön wie eine *Cassata*, das barocke Meisterwerk der sizilianischen Konditoren aus Marzipan, Ricotta, in Likör eingelegtem Biskuit, das mit Pistazienglasur überzogen und vielen bunten kandierten Früchten belegt wird und nur wenig mit der blassen Eissorte zu tun hat, die italienische Eisdielen in Deutschland als *Cassata siciliana* verkaufen.

Jeder Zipfel und jeder Winkel der Insel, jedes abgelegene Tal und jedes einsame Bergdorf hat seine eigenen kulinarischen Traditionen, die gehegt und gepflegt werden. Dabei geht man phantasievoll mit den Produkten um, die in der Gegend angebaut werden. Aus Catania stammen die *pasta alla Norma* genannten Nudeln mit Tomatensauce, gebratenen Auberginen, Basilikum und Ricotta-Käse, der vor allem in dieser Gegend hergestellt wird.

Eine Anekdote erzählt, daß das Gericht in einer Künstlerrunde serviert wurde und einer der Gäste schließlich, inspiriert von Geschmack und Duft der Köstlichkeit, begeistert rief: »Das ist ja Norma!« Der Komponist Vincenzo Bellini, einer der berühmtesten Söhne der Stadt, und sein Meisterwerk ›Norma‹ stehen in Catania für alles Außergewöhnliche, und so muß die Oper auch für Nudeln herhalten.

In dem Barockstädtchen Noto im Osten Siziliens wird das berühmte Jasmineis hergestellt, das in allen Reiseführern angepriesen wird, aber einen etwas seifigen und gewöhnungsbedürftigen Geschmack hat, der bestenfalls als interessant zu bezeichnen ist.

In Trapani im äußersten Nordwesten der Insel hingegen hat man eine Abwandlung des in ganz Italien beliebten Pesto erfunden – statt der Pinienkerne verwendet man an der »Mandelküste« geriebene Mandeln und getrocknete oder frische Tomaten.

Neben den regionalen Traditionen zeigen viele sizilianische Gerichte, daß die Insel ein uralter Schmelztiegel der Kulturen ist. Das womöglich bedeutendste Erbe haben die Araber hinterlassen. Noch heute kann man ihre vollkommene Architektur bewundern, die die weisen Normannenherrscher nach ihnen nicht zerstört, sondern in ihre eigenen Bauwerke integriert haben. Auch in der Küche stößt man überall auf ihre Spuren: Rosinen und Pinienkerne in der Rouladenfüllung, das überaus beliebte Couscous in vielen Varianten und die viel zu süßen *dolci*, die farbenfrohen und klebrigen Süßspeisen. Eines der beliebtesten sizilianischen Nudelgerichte, *pasta con le sarde* (Makkaroni mit Sardinen), ist eindeutig arabischer Prägung. Die Nudeln werden mit gebratenen frischen Sardinen angerichtet und kühn mit wildem Fenchel, Pinienkernen und Rosinen gewürzt. Diese außergewöhnliche Kombination aus süßen Rosinen, Pinienkernen und dem eigentümlich intensiven Geschmack von wildem Fenchel (nicht der Knollen, denn die hat wilder Fenchel nicht, sondern der des gehackten Fenchelkrauts) ist ein ganz besonderes Geschmackserlebnis.

Eine lange Tradition hat auf Sizilien auch das Couscous, das vor allem in der gesamten Provinz von Trapani und auf Pantelleria gern serviert wird – entweder mit Fleisch, Fisch oder Gemüse. Im September trifft man sich in dem kleinen Ferienort San Vito westlich von Palermo zum Couscous-Fest (das in Anlehnung an das in Italien überaus beliebte Münchener Oktoberfest seltsamerweise »Couscous-Fest« heißt und 2004 mit dem originellen Slogan »Where Couscous meets the World« beworben wurde). Hunderte von Couscous-Köchen aus der gesamten Mittelmeerregion kochen dann um die Wette, und eine Jury prämiert den Sieger, während die zahlreichen Gäste an jedem der Stände probieren dürfen.

Das »Couscous-Fest« ist jedoch nur die Spitze des Eisbergs: Jedes noch so kleine Dörfchen, das abgeschieden im sizilianischen Hinterland liegt, feiert irgendwann im Jahr seine *sagra*, das Fest seines Produkts oder ganz besonderen Gerichts. So auch Polizzi Generosa, ein malerisches Dörfchen, das sich hoch über dem Imera-Tal eine halbe Stunde von Palermo entfernt in den Bergen der Madonie an einen Felsen schmiegt und über das es eigentlich nicht viel zu sagen gibt, außer daß Stefano Dolce, der Modemacher des hippen Designer-Duos Dolce & Gabbana, hier geboren wurde. Während der kleine Ort das ganze Jahr über gespenstisch verlassen wie die Kulisse eines Mafia-Schinkens aus den fünfziger Jahren wirkt, erwacht er am letzten Juli-Sonntag überraschend zu Leben. Dann findet hier nämlich die *Sagra dello Sfoglio* statt. *Lo sfoglio* ist eine Art Käsekuchen, der mit kandiertem Kürbis, Schokoladenhobeln und Zimt zubereitet und warm gegessen wird. Und nachdem Polizzi Generosa das ganze Jahr über vor sich hingedämmert hat, füllen sich die verwinkelten Gassen an diesem Wochenende mit Besuchern aus der gesamten Provinz Palermo.

Siziliens kulinarische Traditionen wurden von jeher gepflegt, und viele von ihnen sind uralt. Der sizilianische Pecorino-Käse wird angeblich schon von Homer in der Odyssee erwähnt: Als Odysseus nach seiner Landung auf der Insel des Sonnengottes Apoll den furchtbaren Zyklopen Polyphem trifft, der unterhalb von Taormina seine Höhle hat, macht er sich mit seinen Gefährten – alle vollkommen ausgehungert – über den schmackhaften Käse des Riesen, den Pecorino, her. Viele sizilianische Käsereien schreiben sich mit wachsender Begeisterung diese antike und bei Touristen überaus werbewirksame Tradition auf die Fahnen.

Und die beiden Städtchen Trabia und Termini Imrese östlich von Palermo streiten um die Ehre, Geburtsort der Pasta zu sein. Schon im zwölften Jahrhundert berichtet der arabische Geograph Al-Idrisi nach einer

Sizilien-Reise von der Produktion und dem Export von *itrya*, Spaghetti, bis nach Kalabrien. Sollte Sizilien wirklich die Ehre zukommen, die Pasta erfunden zu haben? Immerhin war Al-Idrisi auf Sizilien, bevor Marco Polo in China die Nudel entdeckte.

In Termini Imrese gab es bis Anfang des zwanzigsten Jahrhunderts mehr als fünfundvierzig Nudelfabriken, die ihre Produkte bis nach Amerika exportierten. Heute sorgt lediglich das hier ansässige einzige süditalienische Fiatwerk für Schlagzeilen, weil es regelmäßig vor der Schließung steht. Von der historischen Pastatradition ist keine Spur geblieben. Aber Nudeln sind auf Sizilien wie überall in Italien Grundbestandteil jeder warmen Mahlzeit. Ohne einen *piatto di pasta* entweder mittags oder abends läuft gar nichts.

Und es gibt eine echt sizilianische Nudelsorte, die nur auf der Insel verspeist wird. *Annelletti siciliani* sind kleine Pastaringe, die für die auf ganz Sizilien beliebte *pasta al forno* (Pasta aus dem Ofen) verwendet und nur auf Sizilien verkauft werden, obwohl sie jeder italienische Pastafabrikant im Programm hat. Sicher könnte man damit auch alle möglichen anderen Pastagerichte zubereiten, aber da kennen Sizilianer, wie überhaupt Italiener, keinen Spaß: Zu jeder Nudelsauce gehört die entsprechende Nudelsorte, und Experimentierfreude oder Kreativität im Umgang mit der Nudel sind nicht gefragt.

Aus den *annelletti siciliani* macht man eben *pasta al forno*, ein Gericht, das ein wenig an Lasagne erinnert. Man bereite Gehacktes wie für Spaghetti Bolognese zu, außerdem eine Bechamelsauce, koche die Pasta sehr *al dente* und suche dann die allergrößte Auflaufform aus dem Küchenschrank heraus. Dann wird alles in Lagen übereinandergeschichtet: Nudeln, Fleischsauce, Erbsen, gebratene Auberginen, Mozzarella, gekochter Schinken, manchmal auch in Scheiben geschnittenes gekochtes Ei (hier scheiden sich die Geister), Bechamelsauce und so weiter und so weiter. Das Resultat ist vor allem eins: mehr als sättigend. Da dieses wunderbare Nationalgericht gern als einer von vielen Gängen serviert wird, sollte man sich zurückhalten, auch wenn es schwerfällt. Die *pasta al forno* ist das Aushängeschild der sizilianischen Hausfrau, und jede hat ihre eigene Version, die zwar nur in Nuancen variiert, aber diese Nuance wird mit Feuer und Schwert gegen alle anderen Versionen verteidigt.

Kurzum: Essen wird überaus ernstgenommen. Und natürlich begegnet man allen, die mit der Zubereitung befaßt sind, mit Respekt. Und während ein sizilianisches Sprichwort besagt, daß die Tafel weiblich ist, ist Kochen und Servieren, überhaupt aushäusige Bewirtung, immer noch Männersache.

Noch heute erzählt man sich in dem kleinen Städtchen Bagheria nahe Palermo folgende Anekdote aus dem Jahre 1962: Eine kleine Gruppe, angeführt von einem gutaussehenden Mann mittleren Alters, dessen Haar nach Art französischer Filmstars zurückgekämmt ist, steuert auf die Trattoria »Don Ciccio« zu – eine Institution, deren Ruf längst über die Grenzen der Provinz Palermo gedrungen ist.

Auf der Treppe wird der Fremde von einer imposanten Figur aufgehalten. »Haben Sie reserviert?« fragt Don Ciccio streng.

»Nein, aber ich bin Luchino Visconti und drehe den ›Leopard‹ in der Villa Pallagonia«.

Das beeindruckt Don Ciccio herzlich wenig, und verärgert über die anmaßende Haltung des Fremden schickt er die Gruppe weg. Erst nach der diplomatischen Intervention eines gemeinsamen Freundes kann der Zwist beigelegt werden, und so werden Alain Delon, Luchino Visconti und Claudia Cardinale Stammgäste bei Don Ciccio.

In Bagheria munkelt man, Don Ciccios Großvater habe eine Liaison mit einer Fürstin gehabt, die ihm einen Teil der schönsten Barockvilla des Städtchens schenkte. Ob das stimmt, weiß keiner mehr so genau – das hohe schmiedeeiserne Tor der Villa ist jedenfalls verriegelt und verrammelt, und die Eigentumsverhältnisse scheinen ungeklärt zu sein.

Don Ciccio hat 1942 seine Trattoria für vorüberfahrende Kutscher eröffnet, und in den ersten Jahren wurde bei ihm kein Fleisch serviert – das hätten seine Gäste nicht bezahlen können. Natürlich hat sich inzwischen einiges verändert, aber man ist alten Traditionen treu geblieben: Vorspeisen gibt es nicht, weil die nicht Teil der traditionellen sizilianischen Küche sind, statt dessen bekommt man ein hartgekochtes Ei und ein Glas Marsala vorgesetzt, und Brot wird erst zum Hauptgang serviert.

Don Ciccios berühmte *bucatini*, die makkaroniartige Nudelsorte eines Pastaherstellers aus dem nahe gelegenen Casteldaccia, stellen vor allem Ausländer vor die

Schwierigkeit, sie mit Würde zu essen, ein schier unmögliches Unterfangen. Die sperrigen Röhren sind immer gut *al dente* gekocht und lassen sich kaum um die Gabelzinken wickeln. Aber die goldene Regel »die Gabel wandert zum Mund, nicht der Mund zur Gabel« ist in Italien sowieso weitgehend unbekannt und kann bei Don Ciccio getrost über Bord geworfen werden.

In landestypischen Lokalen – den Pizzerien, Trattorien und Osterien, die man als Tourist beharrlich sucht – bekommt man zumeist keine Speisekarte, sondern der Kellner erklärt lang und breit, was die Küche zu bieten hat. Stellt der Gast die richtigen Fragen und wird als kompetent eingeschätzt, schließt sich eine ausgedehnte Diskussion über Zubereitungsmethoden und Frische der Zutaten (vor allem des Fischs) an. Im besten Fall gewinnt man bei diesem Vorspiel den Respekt des Kellners, was für das anschließende Essen nur von Vorteil sein kann. »Da muß ich mal in der Küche fragen« wird man vom Kellner kaum zu hören bekommen, und wenn, dann ahnt man es schon: Man hat trotz aller Mühen kein typisches Restaurant erwischt.

Der Nachteil dieser sehr persönlichen Beziehung zwischen Kellner und Gast ist der, daß man den Preis des Vergnügens erst erfährt, wenn die Rechnung auf dem Tisch liegt. Es ist nämlich beinahe ehrenrührig, die eloquenten Erläuterungen mit Fragen nach den Kosten eines Gerichts zu unterbrechen. Man verläßt damit die Sphären kulinarischer Kunst und riskiert, das etwas unansehnlichere Stück Fleisch oder den nicht mehr ganz so frischen Fisch serviert zu bekommen.

Häufig haben solche typisch sizilianischen Lokale nicht das, was wir unter italienischem Flair verstehen – Don Ciccios Reich ist eher kahl und bieder, und oftmals muß man mit den auf Sizilien so beliebten Neonröhren rechnen, die ein gleißend weißes Licht verstrahlen. So auch in Marinos »Il cantastorie«, einem der beliebtesten Fischlokale Palermos, in das sich selten ein Tourist verirrt. Wie sollte er auch? Das Restaurant liegt an einer dunklen Ausfallstraße, die von Palermos Uferpromenade am Meer entlang in Richtung Osten führt, flankiert von einem der wilderen Stadtviertel.

Vor dem unerschrocken mit Neonreklame geschmückten schuppenähnlichen Gebäude stehen ein paar finstere Gestalten in Schürze und Gummistiefeln und schlagen ab siebzehn Uhr abends Seeigel auf oder schrubben Miesmuscheln. Hat man ihre groben Holztische passiert, landet man in einem Raum, der den Charme einer Bahnhofshalle hat. Mindestens drei Fernseher laufen auf voller Lautstärke. Als wir das erste Mal zu Marino gehen, wird gerade ein Boxkampf übertragen, und das will und soll niemand verpassen. Der Kellner mustert uns mißtrauisch und kann sich die Bemerkung nicht verkneifen, er habe uns hier noch nie gesehen. Eindeutig ein Minuspunkt. Dann zählt er eine Unmenge von Fischvorspeisen auf, und als wir überfordert schweigen, fragt er, ob wir ihm nicht einfach die Auswahl überlassen wollen. Ja, wollen wir.

»Vuliti liccuniari o manciari?« fragt er noch in breitem Dialekt, bevor er in der Küche verschwindet. Nur mal kosten oder richtig essen?

Nach einem vorsichtigen Blick auf die überladenen Tische neben uns entscheiden wir uns fürs Kosten – eine weise Wahl, denn nach Unmengen von Seeigeln, Austern, Seeschnecken, Tintenfischsalat und Jakobsmuscheln schaffen wir kaum noch die Pasta.

Als der Kellner die Rechnung bringt und ich mich erkundige, was denn passiert wäre, wenn wir statt zu kosten richtig gegessen hätten, lacht er fröhlich (und ein bißchen mitleidig, wie ich finde) und sagt, er hätte gleich gesehen, daß uns Kosten vollauf reiche. Immerhin: Zwar konnten wir keine überzeugenden Kompetenzen an den Tag legen, sein Herz aber soweit erobern, daß er uns die schwierige Entscheidung der Menüwahl abgenommen hat – ein Gefallen, den man nicht als Bevormundung empfinden, sondern als großzügige Hilfe dankbar annehmen sollte.

Neben solchen Restaurants gibt es auf Sizilien auch ein Zwei-Sterne-Restaurant – das einzige südlich von Sorrent. Im »Mulinazzo« in der Nähe von Palermo in Bolognetta wird sizilianisierte Haute Cuisine serviert, die kompliziert, aber nicht sehr authentisch ist. Egal, wie vornehm man hier ist, die Tafel muß sich biegen. Übersichtliche Teller gelten immer noch nicht als Zeichen von Exzellenz.

Bei den traditionellen Festessen des sizilianischen Adels an hohen Feiertagen waren mindestens neunzehn Gänge vorgeschrieben. Um zu verhindern, daß die Feiern ausarteten, legte man ein Höchstmaß von einhundertundeinem Gang fest. Und wer sich noch an die Beschreibung des gargantuesken Galabüfetts in Tomasi di

Lampedusas ›Gattopardo‹ erinnert, kann sich denken, daß man hier mit artig zubereiteten Häppchen nicht viel anzufangen weiß.

Daß man auf Sizilien sizilianischen Wein trinkt, ist selbstverständlich. Natürlich haben Restaurants auch nichtsizilianische Weine auf der Karte und natürlich kann man im Supermarkt Chianti & Co kaufen, aber das ist eher eine Sache der Form und für Sizilianer keine erwägenswerte Alternative. Leoluca Orlando, der berühmteste sizilianische Politiker, sagt stolz von sich, daß er überall auf der Welt nur sizilianischen Wein trinke.

Das ist inzwischen auch kein Problem mehr, denn die Zeiten sind vorbei, als die heimischen Weine hauptsächlich als einfache Tafelweine daherkamen. Zwar produziert Sizilien genausoviel Wein wie Australien, aber noch 2002 sahen lediglich fünfzehn Prozent eine Weinflasche, der Rest war fürs Tetrapack bestimmt oder wurde als konzentrierter Traubenmost nach Norditalien oder ins Ausland verkauft.

In den letzten Jahren haben die wichtigsten sizilianischen Weinhersteller das Potential ihrer Trauben jedoch erkannt und fahren einen anderen Kurs: Qualität, die dem internationalen Vergleich standhält. Die traditionellen Weingüter, häufig noch in Familienbesitz, haben Berater aus anderen Weinregionen auf die Insel geholt. Fürst Tasca D'Almerita, Besitzer der gleichnamigen Weinkellerei, war der erste, der auf Sizilien die Chardonnay-Traube anpflanzte. Die wird mit den traditionellen sizilianischen Trauben zu eleganten Weinen kombiniert – unter dem wachsamen Blick eines toskanischen Beraters. Die Nero d'Avola-Traube ist die berühmteste sizilianische Rotweintraube und hat ihren Namen von einer kleinen Stadt südlich von Syrakus, obwohl sie mittlerweile beinahe auf der gesamten Insel angebaut wird.

Große norditalienische Weinproduzenten haben in Windeseile Rebflächen in den besten Lagen aufgekauft, denn die Traube ist vom Geschmack her kraftvoll, aber samtig-weich und hat ein großes Alterungspotential. Weniger bekannte, typisch sizilianische Trauben, denen man inzwischen mehr Aufmerksamkeit schenkt, sind die Weißweintrauben Inzolia – die berühmteste, die in höheren Lagen angebaut wird und einen frischen, kräftigen Geschmack hat –, Grillo, Catarratto und Grecanico.

Die Weinkellerei »Settesoli« in dem kleinen Ort Menfi an der Südküste Siziliens ist der größte Weinerzeuger Siziliens – und die größte Winzergenossenschaft ganz Italiens. Die Geschichte der Firma ist symptomatisch für die Entwicklung des sizilianischen Weins in den letzten vierzig Jahren: In den sechziger Jahren gegründet, hatte man lange Zeit kein eigenes Label, sondern produzierte Schankweine und Traubenmost. 1974 begann man mit einem eigenen Etikett, und bereits in den achtziger Jahren experimentierte man mit internationalen Traubensorten. In den neunziger Jahren wurden mit Chardonnay verkelterte Weißweine und mit Cabernet Sauvignon verkelterte Rotweine zu Verkaufsschlagern im In- und Ausland. In dem großen Betrieb – alles vollautomatisch und wenig romantisch – ist man der Zeit voraus und besinnt sich heute auf die heimischen Trauben, da man eine Trendwende weg von den Modeweinen der neunziger Jahre voraussieht. Aber für Nero d'Avola, Inzolia und die anderen sizilianischen Trauben gibt es keine einheitliche DOC-Bezeichnung (*denominazione di origine controllata*, die italienische Herkunftsbezeichnung für Weine), was bedeutet, daß die sizilianischen Trauben auch in allen anderen Weinanbaugebieten der Welt angebaut werden können. Deshalb hat sich die Weinkellerei »Settesoli« mit den großen Weinkellereien Siziliens zusammengetan und will eine DOC-Sicilia-Bezeichnung für die wichtigsten heimischen Trauben beantragen – damit diese nicht exportiert und zur Konkurrenz werden können.

Die Erfolge der letzten Jahre haben den sizilianischen Weinproduzenten neues Selbstbewußtsein gegeben, und gern zitiert man die Theorie, daß die berühmte Syrah-Traube nicht, wie allgemein angenommen, aus Syrien stammt, sondern aus der Gegend um Syrakus – was erklären würde, weshalb sie dort so prächtig gedeiht.

Ganz abwegig ist die These vielleicht nicht – immerhin hat der Weinanbau auf Sizilien eine längere Tradition als in jeder anderen Region Italiens: Die Griechen, die im achten Jahrhundert vor Christus die Insel kolonisierten, brachten ihre Weinkultur mit und entwickelten sie hier weiter, so daß schon bald Weine auf das italienische Festland exportiert wurden. Viele Jahrhunderte später war es ein Engländer, der einem sizilianischen Wein zu Weltruhm verhalf: 1773 machte der Brite John

Woodhouse einen sizilianischen Dessertwein weltberühmt, der bereits zur Zeit der spanischen Herrschaft angebaut und ähnlichen Reifungsprozessen unterworfen wurde wie der spanische Sherry. Die Reben wuchsen auf den trockenen heißen Ebenen Westsiziliens mit ihrem ertragsarmen Boden, und der alte, von den Arabern erbaute Hafen Marsah el-Allah (der Hafen Gottes) an der Westküste der Insel gab dem Dessertwein seinen Namen: Marsala. Der war vor allem in Großbritannien sehr beliebt, und Admiral Nelson soll damit seine Mittelmeerflotte beglückt haben.

Ob sizilianische Weine tatsächlich bald wieder zu Weltruhm gelangen, bleibt abzuwarten. Die Entwicklung der letzten Jahre ist vielversprechend, und man darf gespannt sein. Und immerhin war es der Legende nach Dionysos persönlich, der griechische Gott des Weines, der tanzend die erste Weinrebe auf Sizilien gepflanzt haben soll: bei Naxos an der Ostküste, der ersten griechischen Siedlung Siziliens.

Sizilien lesen und sehen: Literatur und Filme

Seit Homer die Insel des Apoll zu einem der Schauplätze von Odysseus' Irrfahrten machte, ist Sizilien ein literarischer Topos. Wahre Bücherfluten sind die Folge – von den Berichten der großen Reisenden aller Jahrhunderte bis zu den Werken zahlreicher sizilianischer Schriftsteller, die ihre faszinierende, widersprüchliche Heimat geliebt und gehaßt haben, sich aber in den seltensten Fällen von ihr lösen konnten. Giuseppe Tomasi di Lampedusa schließlich hat Sizilien mit seinem Roman ›Der Gattopardo‹ zum Schauplatz der Weltliteratur gemacht.

Heute will alle Welt über dekadente sizilianische Adlige lesen, über bärbeißige Kommissare, geheimnisvolle Dorfschönheiten und finstere Mafiosi, die in den Städten und Dörfchen, den einsamen Bergen und an den Stränden Siziliens leben und leiden und irgendwann Pasta, Caponata und frischen Fisch essen.

Hier eine ganz subjektive Auswahl von Büchern, in denen viel Sizilien steckt:

Giuseppe Tomasi di Lampedusa, ›Der Gattopardo‹ (Piper, 2004): »Der« Sizilien-Roman schlechthin und die perfekte Gebrauchsanweisung – so sind sie, die Sizilianer, und das ist ihre Insel.

Andrea Camilleri: Acht Fälle hat der liebenswerte Kommissar Montalbano inzwischen gelöst (sieben Krimis sind bereits auf deutsch bei Lübbe erschienen). Sie spielen in dem fiktiven Dörfchen Vigàta im Süden Siziliens – aber wo genau das liegt, darüber streitet man auf Sizilien erbittert (siehe dazu das Kapitel Barock-Idylle am Ende der Welt). Ganz gleich, Kommissar Montalbano und seine Kollegen führen sizilianischen Humor und sizilianische Lebensart in Reinkultur vor.

Im historischen Vigata des neunzehnten Jahrhunderts hingegen spielen die Krimis ›Die sizilianische Oper‹ und ›Das launische Eiland‹ (beide bei Piper erschienen). ›Hahn im Korb‹ (ebenfalls bei Piper erschienen), Camilleris erster Roman, machte den Autor über Nacht berühmt: viel Sinnlichkeit, sizilianische Lebensart und skurrile Gestalten sind bereits hier die Ingredienzien eines spannenden Krimis.

Ein weiterer spätberufener sizilianischer Autor – wie Andrea Camilleri wurde er erst entdeckt, als er weit über sechzig Jahre alt war – ist Gesualdo Bufalino. Die Romane des in Comiso geborenen Schriftstellers spielen im barocken Südosten Siziliens, so etwa ›Mit blinden Argusaugen‹ oder ›Die Träume der Erinnerung‹ (Suhrkamp, 1995).

In ›Museum der Schatten‹ (Wagenbach, 1992) hingegen sind Geschichten aus dem alten Sizilien versammelt, zusammen mit Bildern des palermitanischen Verlegers und Fotografen Enzo Sellerio.

Vom Sizilien des beginnenden achtzehnten Jahrhunderts erzählt Dacia Maraini in ihrem Roman ›Die stumme Herzogin‹ (Piper, 2002): Die kluge taubstumme Marianna Ucrìa wird mit dreizehn Jahren an einen alten Mann – obendrein ihr Onkel – verheiratet. Der Roman spielt im historischen Bagheria, wo Palermos Adel seine Villen hatte. Über das moderne Bagheria, Korruption und Mafia hat Dacia Maraini in ›Bagheria‹ (Piper, 2002) geschrieben. Und das aus eigener Anschauung: Die Mutter der Autorin stammt aus einer sizilianischen Adelsfamilie und zog mit ihren Töchtern nach dem Zweiten Weltkrieg zurück in ihr Elternhaus – die prächtige Villa Valguernera in Bagheria. Dort entdeckte Dacia Maraini das Frauenporträt, das sie zu dem Roman ›Die stumme Herzogin‹ inspirierte.

Leonardo Sciascia, ›Der Tag der Eule‹ (Aufbau, 2000): Der erste sizilianische Anti-Mafia-Roman, der den Autor 1961 berühmt machte, ist zugleich der erste Sizilien-Krimi.

Die Fotografin Letizia Battaglia gab mit ihren Bildern dem Kampf gegen die Mafia ein Gesicht. Ihr Bildband mit dem etwas pathetischen Titel ›Leidenschaft, Gerechtigkeit, Freiheit. Sizilianische Fotos‹ (Zweitausendeins, 1999) räumt mit kitschigen Mafia-Klischees auf und zeigt die ungeschönte Wirklichkeit.

Die schönsten Sizilien-Fotos stammen von Magnum-Fotograf Ferdinando Scianna (1943 in Bagheria geboren). Leider sind sie in Deutschland nie veröffentlicht worden, aber auch nördlich von Sizilien liegt in vielen italienischen Buchhandlungen der Prachtband ›Sicilia ricordata‹ (Erinnerungen an Sizilien, Rizzoli, 2001) aus.

Neben Sizilien-Romanen gibt es unzählige Filme, die auf Sizilien gedreht die landschaftliche Vielfalt der Insel und ihre Menschen und Orte zeigen:

Den Anfang machte 1948 Luchino Visconti mit seiner Verfilmung von Giovanni Vergas Roman ›Die Malavoglia‹ (Insel, 2001): ›Die Erde bebt‹, gedreht in Aci Trezza nahe Taormina (siehe dazu das Kapitel Badefreuden).

1963 drehte Luchino Visconti dann den ›Leopard‹ nach Tomasi di Lampedusas zu diesem Zeitpunkt bereits weltberühmtem Roman – diesmal nicht mit Laienschauspielern, sondern mit Alain Delon, Burt Lancaster und Claudia Cardinale, und zwar in den Barockvillen des Städtchens Bagheria (siehe dazu das Kapitel Alles außer Frühstück).

Seiner Heimat hat der sizilianische Regisseur Giuseppe Tornatore (geboren in Bagheria bei Palermo) ein filmisches Denkmal gesetzt, insbesondere mit folgenden drei Filmen:

›Cinema Paradiso‹ (Italien / Frankreich, 1988). Hauptsächlich in dem Flecken Palazzo Adriano in der Provinz Palermo gedreht, wird hier sizilianisches Dorfleben gezeigt – malerisch, aber mitunter bedrückend eng. Zugleich eine Liebeserklärung an das Kino, die Tornatore über Nacht zu internationalem Ruhm verhalf, nachdem die italienische Kritik zwar verhalten reagierte, der Film aber in den USA ein Erfolg wurde.

Sein nächster Film spielt ebenfalls in Siziliens Dörfchen: ›Der Mann, der die Sterne macht‹ (Italien, 1995). Ein liebenswerter Scharlatan zieht in den fünfziger Jahren mit seiner Kamera durch Siziliens Dörfer, angeblich auf der Suche nach Talenten für das italienische Kino. Er kassiert die letzten Lire der Aspiranten und läßt sich vor laufender Kamera deren Geschichte erzählen. In den Nebenrollen der Sizilianer Stefano Dolce (Dolce & Gabbana) sowie viele sizilianische Laiendarsteller.

Und schließlich ›Der Zauber von Maléna‹ mit dem italienischen Topmodel Monica Belluci. Die schönsten Szenen wurden in Syrakus und auf der wunderbaren Barock-Piazza von Ragusa Ibla gedreht, die sich als Filmkulisse geradezu aufdrängt.

Nicht zu vergessen ein deutscher Film über Palermo und die Mafia mit Palermos Exbürgermeister Leoluca Orlando in einer Nebenrolle: ›Palermo flüstert‹, Regie Wolf Gaudlitz, 2001. Mimmo wird als Junge Zeuge eines Mafia-Mords, will nicht schweigen und wird verbannt. Erst als Erwachsener kehrt er zurück nach Palermo. Der erwachsene Mimmo wird von Mimmo Cuticchio gespielt, der das wichtigste Marionettentheater Palermos führt und die Tradition der sizilianischen Marionetten pflegt: Aufgeführt werden Geschichten aus dem Rolandsepos, und ein *cantastorie*, eine Art Troubadour oder Bänkelsänger, trägt, auf sizilianisch natürlich, die Geschichte vor, die sich auf der Bühne abspielt.

Das sizilianische Regie-Duo Daniele Ciprì und Franco Maresco ist bislang leider nur in Italien bekannt. Ihr letzter großer Film ›Il ritorno di Cagliostro‹ (Die Rückkehr des Cagliostro) sorgte 2003 beim Filmfestival von Venedig für Furore. Sizilianischer Humor pur – eine von Mafia und Klerus gesponserte sizilianische Filmfirma fliegt einen abgetakelten Hollywood-Star ein (den Robert Eglund spielt, Ex-Freddy Krüger aus ›Nightmare on Elm Street‹), mit dem ein Film über den geheimnisvollen Grafen Cagliostro gedreht werden soll. Alles geht gründlich schief, und der Star, der kein Wort Sizilianisch versteht, fällt bei den Drehaufnahmen dummerweise aus dem Fenster ... Wunderbare Schauspieler, denn das ist die Spezialität der Regisseure: Sie finden die ungewöhnlichsten Typen einfach so auf Palermos Straßen.

Siziliens Inseln haben die Regisseure magisch angezogen, und eine ganze Reihe von Filmen zeigen sie von ihrer schönsten Seite:

Salina: ›Der Postmann‹ (Regie Michael Radford, Frankreich / Belgien / Italien, 1994) gedreht über Pablo Nerudas kurzen Aufenthalt im Exil und Freundschaft zu einem schüchternen Briefträger (gespielt von Massimo Troisi, der kurz nach Drehschluß verstarb), der mit Hilfe der Poesie das Herz seiner Angebeteten erobert (das ist die Sizilianerin Maria Grazia Cucinotta, die dieser Film zum internationalen Star machte). Vorlage für den Film ist Antonio Skarmetas Roman ›Mit brennender Geduld‹ (Piper, 2004), in dem Neruda gar nicht bis nach Salina, sondern nur in ein verschlafenes Fischerdorf an der chilenischen Küste ins Exil geht…

Stromboli: ›Stromboli‹ (Italien, 1949): Roberto Rossellini und Ingrid Bergman – ein Skandal und viel karge Vulkanlandschaft (siehe dazu das Kapitel Inselparadiese).

Insel-Hopping auf den Liparischen Inseln: ›Liebes Tagebuch‹ (Frankreich / Italien, 1993). Regisseur und Hauptdarsteller Nanni Moretti sucht zwischen Lipari und Stromboli nach Ruhe und einer Auszeit vom Irrsinn des modernen Lebens – vergebens.

Und ›Lampedusa‹ (Frankreich / Italien, 2002, Regie: Emanuele Crialese): Ein poetischer Film über eine ungewöhnliche Frau auf der kleinen Insel Lampedusa (siehe dazu das Kapitel Inselparadiese): wunderbare Bilder von Lampedusas malerischer Felsenküste und kristallklarem Meer.

Dank

Dank an Thomas Tebbe, der auf die Idee kam, ich könne dieses Buch schreiben, an meine Lektorin Bettina Feldweg für ihre Unterstützung sowie an Antje Steinhäuser für die Redaktion.

An meine Familie, die neugierig war und gelesen hat.

An Katja Scholtz, die nicht nach Stromboli, dafür aber mit mir nach Catania, Noto und Syrakus fuhr, unermüdlich nach dem Ätna Ausschau hielt und immer fröhlich las.

Dank an Marina Di Leo, die mir viele Anregungen gegeben und Sizilien erklärt hat, und an Francesco Terracina, der in jedem noch so kleinen Flecken jemanden kannte, der eine Geschichte zu erzählen hatte.

E grazie ad Alessandro per esserci stato sempre: questo libro è per te.

Bereits erschienen:

Gebrauchsanweisung für...

Amerika
von Paul Watzlawick

Amsterdam
von Siggi Weidemann

Barcelona
von Merten Worthmann

Bayern
von Bruno Jonas

die Bretagne
von Jochen Schmidt

China
von Kai Strittmatter

Deutschland
von Maxim Gorski

Dresden
von Christine von Brühl

das Elsaß
von Rainer Stephan

England
von Heinz Ohff

Florenz
von David Leavitt

Frankreich
von Johannes Willms

Genua und die Italienische Riviera
von Dorette Deutsch

Griechenland
von Martin Pristl

Hamburg
von Stefan Beuse

Irland
von Ralf Sotscheck

Italien
von Henning Klüver

Japan
von Gerhard Dambmann

Kalifornien
von Heinrich Wefing

Köln
von Reinhold Neven Du Mont

London
von Ronald Reng

01/0002/02/L

München
von Thomas Grasberger

New York
von Verena Lueken

Paris
von Edmund White

Polen
von Radek Knapp

Portugal
von Eckhart Nickel

Rom
von Brigitte Schönau

das Ruhrgebiet
von Peter Erik Hillenbach

Salzburg und
das Salzburger Land
von Adrian Seidelbast

Schottland
von Heinz Ohff

die Schweiz
von Thomas Küng

Sizilien
von Constanze Neumann

Spanien
von Paul Ingendaay

Südengland
von Elke Kößling

Südfrankreich
von Birgit Vanderbeke

Südtirol
von Reinhold Messner

Sydney
von Peter Carey

Tibet
von Uli Franz

die Toskana
von Barbara Bronnen

Tschechien und Prag
von Jiří Gruša

die Türkei
von Iris Alanyali

Venedig
von Dorette Deutsch

Wien
von Monika Czernin

01/0002/02/R

PIPER

Henning Klüver
Gebrauchsanweisung für Italien

191 Seiten. Gebunden

Alle lieben Italien – das Land, wo die Zitronen blühen, wo die Frauen schön sind und der Espresso aromatisch. Glaubt man. Aber was blüht jenseits des Brenners wirklich? Was essen die Italiener, wenn die Mamma keine Lust auf Pizza und Pasta hat? Und warum tragen fast alle unsere Schuhe das Gütesiegel Made in Italy?
Henning Klüver weiß es. Mit leichter Hand widmet er sich den ureigensten Domänen der Italiener: der Familie und der Mafia, der Mode und der Piazza, der Kirche und dem guten Essen. Er kennt den Unterschied zwischen Osteria und Ristorante, er weiß, warum die italienische Innenpolitik einer Daily Soap in nichts nachsteht und wieso schon lange kein Italiener mehr ohne Handy auskommt.

01/1065/01/L

PIPER

Birgit Schönau

Gebrauchsanweisung für Rom

192 Seiten. Gebunden

Die ewige Stadt. Die heilige Stadt. Rom ist die Stadt aller Städte. Mit ihren barocken Palästen, ihren unermeßlichen Kunstschätzen und zahllosen Monumenten ist sie das Gedächtnis unserer abendländischen Kultur. Aber wie ewig ist die Stadt wirklich? Und sind tatsächlich alle Römer fromm? Birgit Schönau flaniert durch die größte Altstadt der Welt und schaut sich den Alltag an zwischen Marmor und Geld, dem haarsträubenden Verkehr, der Mode und der herzhaften römischen Küche. Denn eines ist ganz sicher: Auch vor Ostern fastet hier nur einer, und das ist der Heilige Vater.

01/1451/01/R

Gebrauchsanweisung
für Sizilien

Constanze Neumann

Gebrauchsanweisung für Sizilien

Piper München Zürich

ISBN-13: 978-3-492-27542-2
ISBN-10: 3-492-27542-7
2. Auflage 2006

Karte: cartomedia, Karlsruhe
Gesamtherstellung: Clausen & Bosse, Leck
Printed in Germany

www.piper.de

Inhalt